一流の老人

山崎武也

GENTOSHA

はじめに

老人の喜劇も悲劇も、自分が年を取っているという事実をはっきりと認めようとしないところから始まっている。人生という行路においては、成長から成熟へ、それから衰退へと進んでいくのであるが、老年期はその最後の段階である。そのことを明確に意識して、それにふさわしい生き方をしていくのが「安全」であると同時に「安気」な日々を送っていく秘訣であろう。

また、年を取っているのを意識しすぎると、老い先が短いと考えるので、つい短期的な視点に立ちがちになる。やはり日々の生活を充実させるためには、常に「明日」があること、さらにはその明日が長い期間にわたって続いていくことも願いながら、「安全運転」をしていく必要がある。

世の動きに対しては、やみくもに従うことなく、それでいてバランスよく「つきあっていく」姿勢も保つ。人に対するときは、常に礼儀正しい接し方をする。礼儀正しくすれば礼儀正しいつきあい方をしてもらえる。そうすれば、自分の社会的な行動範囲においても、つつがない生活が約束されてくるのだ。

老は古くなることであるから、それだけ清新さが欠けてくる。その点をカバーするためには、常に「きれいに」を心掛ける。表面的な清潔さや美しさだけではなく、内面的に心にも汚れがないことを、日々の言動の中において目指す必要がある。そのためには、自分の「欲」について常に客観的に考察したうえで身を律していかなくてはならない。

さらに、年老いたからといって必要以上に卑下したり弱気になったりしてはいけない。たとえ世の脚光を浴びることもなく平々凡々たる人生を歩んできたと思っていても、ここまで無事に生きてきたことは、立派な生き方をしてきた証拠である。大いに誇りに思い、これからも胸を張っていく土台となる。

私は国際的な場面におけるビジネスコンサルタントとして仕事をしてきた中で、多くの内外の老人たちを見てきた。また、もう一つの仕事である茶道の世界でも、深いつきあいを続けてきた多くの先達たちがいる。それらの人たちの中には「一流」として尊敬すべき人もいたが、「三流」としか格付けできない人もいた。

前者は手本として礼賛して見習うように努め、後者は反面教師として、その愚を犯すことのないように言動を慎んできた。そのような私の経験が、本書を著すときの参考になっている。

私自身は、組織に属しないで自分勝手な人生を生きてきたつもりだ。男性の平均寿命を超え、正真正銘の老人になっている。もちろん私なりにではあるが、できるだけ人の迷惑にならないようにすると同時に、余力のあるときは人の役にも立つようにと、今でも心掛けている。幸いにして、まずまずの健康を維持しながら、昔と比べると量的には少なくなったが、おいしいものをきちんと食べ、ワインも欠かす日はない。家族とも仲良しだ。

仕事もある程度ではあるが、昔と同じように続けている。すべて、老人にふさわしくという範囲内を守っているので、長続きしているのかもしれない。老いてくれば、「細く長く」を謙虚に信奉していくのがいいのではないだろうか。

本書の出版に当たっては、企画の段階から株式会社幻冬舎の前田香織さんのお世話になった。ここに深甚なる感謝の意を表明する。

二〇一七年十一月

一流の老人

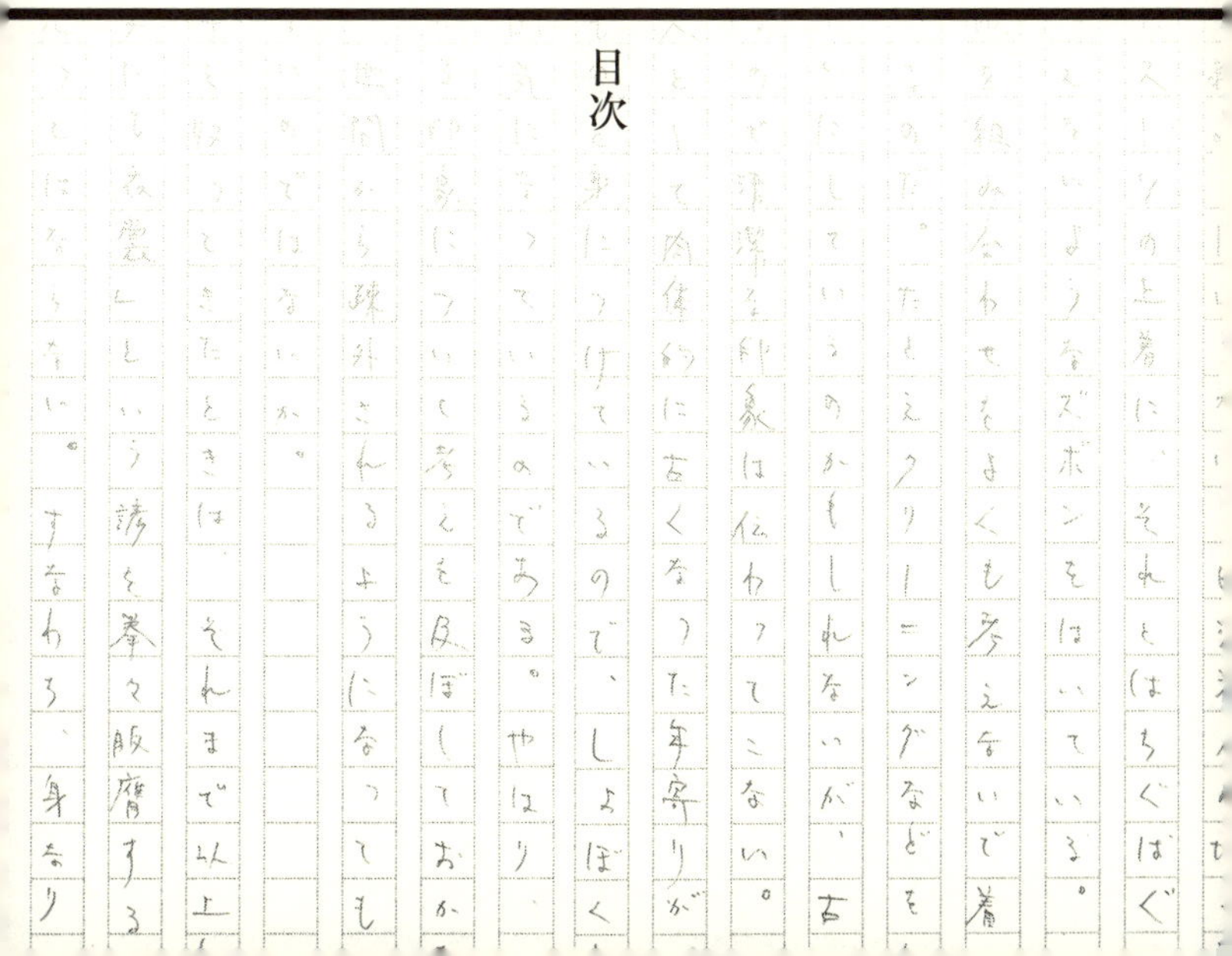

目次

はじめに　003

1章　一流の身だしなみ

いつも清潔感を念頭に　016
若者の真似は衰えを強調するだけ　020
立食しないのが老人の矜持　024
姿勢のいいは七難隠す　028
老人こそ密かなおしゃれを　033
ブランド品の広告塔をやめる　037

2章 一流の人づきあい

同窓会やオービー会は情報の宝庫 042
下品な人とつきあうと下品な老人になる 046
子の面倒は死ぬまで見る 050
忍ぶ恋に「忍び難きを忍ぶ」 054
肩書きそのものには敬意を表する 058
懐かしさの流れを第三者には押しつけない 062
「老人に二言なし」、どんな約束も大切に 066

3章 一流の金の使い道

高価よりも実質的な高級を 072

金を殖やす話から全力で逃げる 076
倹約はしても交際費はケチらない 080
温泉とアウトレットで遊ぶ 084
老後の勉強はあくまで「余技」と心得る 088
どんな「先生」もやはり自分ファースト 092
逝く友への生きた金 096
「損切り」をして泣き寝入り 100
遺産についての親としての義務 104
葬式や墓、それに遺品は全権委任を 109

4章 一流の健康法

「面倒」を「運動」に転換する 114

「弱き者、汝の名は老人なり」 119
都会の真っ只中で暮らす 123
頭を鍛えるための読み書きそろばん 127
朝と晩に体重計に乗る 132
記憶力が悪くなるのも悪くない 136

5章 一流の暮らし方

芸術鑑賞では作品との共感を目指す 142
花のない老年期は正に砂漠 146
老人は「一転び一巻の終わり」 150
部屋は物置ではない 154
「つまらないこと」を楽しめるのは老人の特権 158

趣味の世界との新たなつきあい方 162
老人は死して写真を残さず 166
人生への執着はほどほどに 170
自分は宇宙の真ん真ん中にいる 174

6章 一流は老いるほどに尊敬される

意見の対立を楽しみ、「老害」を「老益」に 180
タメ口は禁句にする 184
新しい体験を自分に課す 188
社会の中における自分の位置を知る 192
老年期は人に尽くして心に満足を 196

誰もが悪いオジイサンになりうる　201
勧善懲悪の必要性を訴える　205
老人の自慢は聞くに耐えない　210
核兵器攻撃を受けた日本の歴史的事実　214
老人の眼光は世の悪を見透かしている　218
長寿「謝恩会」のすすめ　222
一日一善を為し一日一悪を反省す　226

1章

一流の身だしなみ

いつも清潔感を念頭に

場末の居酒屋風の飲食店でご老体という風情の人たちが数人で集まって賑やかにしている。大声を出して威勢よくしゃべりまくっている人もいれば、ただもくもくと食べたり飲んだりするのに忙しい人もいる。グループとしては、周囲にいるほかの客たちに対する配慮などはまったくなく、傍若無人の振る舞いをしているかの感も否めない。

身につけている衣服などは、どのように見ても新品とはいえない。ビジネスの場で着ていたスーツの上着に、それとはちぐはぐとしかいえないようなズボンをはいている。昔の衣服を組み合わせもよく考えないで着てきているのだ。クリーニングなどをしてきれいにしているのかもしれないが、古びているので清潔な印象は伝わってこない。

人として肉体的に古くなった年寄りが、古いものを身につけているので、しょぼくれた雰囲気になっているのである。やはり、人に与える印象について考えを及ぼしておかないと、世間から疎外されるようになっても仕方がないのではないか。

年を取ってきたときは、それまで以上に「馬子にも衣裳」という諺を拳々服膺《けんけんふくよう》することを怠ってはならない。すなわち、身なりをきちんと整えていれば、「立派な人に見える」のである。

したがって、現役時代の古いスーツなどを引っ張り出して、いわば一時しのぎに身につけたのでは、自分自身の身体の「古さ」をさらに強調する結果にしかならない。たまにはスーツを新調してみたり、ジャケットとスラックスの新しい組み合わせを買ってみたりする。

すると、見かけだけではなく、自分の心身にも清新の気を吹き込むことになる。外に出掛けるときも気分が高揚してきて、姿勢もよくなり足取りも軽くなってくるはずだ。世の中へと「進出」していくときの心構えが、より一層積極的になる。

年寄りになるというのは、多くの人にとってコンプレックスの一因になっている。そこでそのままに放置しておくと、徐々に向上の意欲がなくなって自信や勇気までも喪失する結果になる。そのような先細りの情況から抜け出すためには、身なりをきちんとすることに大きな効果が期待できるのだ。

もちろん、身なりといった外見のみをきれいにしただけでは、十分ではない。身体という中身を清潔に保つことは必須の条件である。毎日、できれば朝晩と二度にわたって風呂に入ったりシャワーを浴びたりして、「汚れなき身体」にしておく。洗髪も、その都度するくらい頻繁にするのだ。

もう髪の毛もあまりないからなどといって理髪店から足が遠のきがちになる人もいるかもしれない。だが、それではまず人の目につく頭の部分が汚らしくなる一方である。したがって、若いときや現役時代以上にきれいにしておく心掛けが必要となる。

より頻繁に、たとえば三週間に一回くらいに、理髪店通いをする習慣をつけてみる。すると、いつも同じような髪型になっているので、清潔感が溢れる状態を保つことができる。

この点に関しては、男性の場合、身だしなみにおいて優れている女性を見習うべきである。もちろん、身だしなみというのは、身の回りを飾り立てるのではなく、身体から始まって身につけているものすべてをきちんと整えておくことである。したがって、外から見えるところだけではなく、下着などについても清潔なものにしておく心掛けが必要だ。

身体や下着などの外には見えない部分をいつも磨き上げたりきれいにしたりしておくと、それは自分自身の自信へとつながっていく。たとえどこで裸になるような情況に置かれても、怖じることなく自分をさらけ出していくことができる。それはコンプレックスのコの字もないという状態になっている。心身ともにきれいで自分自身を素直に打ち出していくことのできる老人を、嫌いになる人はいない。

若者の真似は衰えを強調するだけ

ほとんどの人は年を取りたくないと思っている。そこで、髪の毛が薄くなったり、足腰が弱くなったり、皮膚につやがなくなり皺《しわ》が寄ってきたり、記憶力に衰えが見られたりしてくると、内心は穏やかでなくなる。それらは紛れもない老いの徴候であるので、人によっては慌てふためき、そのような流れを何とか食い止めようとする。

そのような悩みや恐れを商魂たくましい商人たちが見逃すはずがない。老化に対する対応策を需要として捉えて、あらゆる分野にわたる商品やサービスの提供をしている。若さを保つためといったソフトなアプローチをする場合もあれば、大上段に振りかぶってアンチエイジングと銘打ったハードなアプローチをする場合もある。

もちろん、それらの方策にはそれなりの効果もあるが、老化という大きな自然の流れを劇的に止める力はない。外見上は効果があるように見えても、どこかに皺寄せが出てくるのが通常だ。すなわち、副作用である。さらには老化に対して無理やりに抵抗していると、どうしても心理的な圧力が知らず知らずのうちに、ちょっとしたストレスとなって心の中にたまってくる。

したがって、いったん老年期に入ったら、老化についてはあまり気にしないことだ。皮膚などの身体的なことであれ頭脳の回り具合であれ、きちんと「手入れ」をするくらいにして自然の流れに身を任せる。「部品の入れ替え」をするにも等しいようなことはしない。そこまでして若さを保ちたかったら、そのエネルギーを前向きにほかの分野のことに注いで、人間としての自分の品格なり内容なりの向上を図ったほうがいいのではないか。

また、老いを隠そうとするあまり、服装や行動様式などに関して若者の真似をするのは止めたほうがいい。若い人たちの間ではやっているファッションに追従したりする類いだ。髪の毛を長くして染めたり、破れルックや穴あきルックのジーンズをはいたりすれば、遠くから見る限りでは若さを演出する結果になっている。だが近くで見れば、身なりの若さと身体という本体の古さのアンバランスは明々白々であり、本人の老いを強調する結果になっている。

女性の場合のミニスカートについても同じようなことがいえる。若さを見せようと思って年齢不相応なスカート丈のものにすると、どうしても逆効果にしかならない。余程脚に自信があったとしても、せめて膝を隠す程度の「シャネル丈」にするべきであろう。もちろん、芸能人の場合は、いわばショービジネスに属する世界の人たちであるから、ある程度のところまではショー、すなわち見せるのもエンターテインメントという目的に適《かな》っているといってもいいが。

いずれにしても、身体的ないしはそれに関連することに関しては、若者と張り合ったりしてはいけない。年齢という科学的なデータについて明らかにハンディキャップがあるのだから、無理をしてはいけない。無理をすれば、どこかでそのしっぺ返しを受けるようになるのは必定だ。自分では無理が通ったと思っていても、自分の中のどこかで何らかのバランスが崩れている。

まさに「年寄りの冷水」である。老人に似合わない、一見したところ元気のいいところを見せても、所詮老人は老人なのである。老人らしく無理をしない身なりや行動様式に従っていれば、心は落ち着いているのでコンプレックスに悩まされることもない。

老年期に入って青春を取り戻そうとしても、それはできない相談である。それよりも、目の前にある「老化」に対して自然に従って、その過程をゆっくり楽しもうと専念してみる。それは日々の暮らしを抵抗なく自然に楽しむという姿勢につながっていく。

自分にとって老年期は新しい世界であり、それを心行くまで味わうのは今しかない。老人だけに呈示された人生の一部を楽しまなければ損だ。

立食しないのが老人の矜持

昨今のレセプションやパーティーは、そのほとんどが立食形式である。大勢の人が一堂に会することができ、多くの人々が直接にコミュニケーションを図ることができるので、そのメリットは大きい。自分の目指す人の近くに寄っていって言葉を交わしたり、見知らぬ人に会ってちょっとした情報交換をする結果になったりする。

そのような催しに招かれたら、その規模の大小にかかわらず、「勇んで」参加する心構えが必要だ。その類いの機会は年を取るに従って少なくなっていくことを銘記していれば、その必要性は明らかであろう。外の世界に接して新しい情報を入手することもあれば、自分の考え方の正しさを確認する場になることもある。

出無精の習慣がついたら、「外界」との接触が少なくなる一方であるから、外出の機会があれば少しは無理をしても出掛けるべきである。それは身体を動かすことでたとえ多少であっても運動をする効果があり、人と交流をすることによって頭を使う結果にもなる。「閉じこもり症候群」になったら、心身ともに錆びついて機能しなくなるので注意を要する。

さて会場内での振る舞いについてであるが、飲食をしようなどと思っていてはいけない。アルコールであれソフトドリンクであれ、飲み物を手にするのはいいが、食べるのは避ける。そもそも日本の作法によると、立ち食いは「はしたない」というのが少なくとも昔の大原則である。私たちが小さいころは、たとえ菓子であれ立ったり歩いたりして食べていたら、親から「きちんと座って」と厳しくたしなめられたものだ。

学生時代の話であるが、学校の近くでコロッケを揚げて売っている店があった。もちろん近所の人たちが総菜として買っていって家で食べるものだ。親友の二、三人と一緒にその店で揚げたてを買い、道を歩きながら食べたことがある。わざと行儀の悪い真似をして人々を驚かせようという魂胆だ。当時としてはこのうえなく不作法な行動であるから、道行く人々の大いなる顰蹙《ひんしゅく》を買った。若気の至り以外の何物でもない。

もちろん、最近は立ち食いをとやかくいうことは一般的にはない。ただ、正式や公式の度合いが高い場では、すべて着席したうえで食事をするというのが明確なルールとなっているのは間違いない。晩餐会や午餐会と名のつく食事の席が立食形式になっていることがないのも、その証左の一つである。

また実際に見ていても、立って食べている人の格好はよくない。どうしても早く食べてしまおうとする気持ちが無意識のうちにあるので、「そそくさ」という気配になっている。食事をするという雰囲気ではなく、エサをつついて食べているとしか見えない場面も少なくない。そこには毅然たる態度のかけらも見ることができない。特に老人であれば、尾羽うち枯らした風情が強調される結果になるのではないか。

会費制の催しであったからといって、元を取らなくては損だと思って食べようとする気持ちがあったりしたら、そのみみっちさは見るに忍びない。「武士は食わねど高楊枝」とばかりに、悠然と構えて人との交流に備えておく姿勢が望ましい。多少は腹が減っていたとしても、そこが我慢のしどころだ。

食事は家に帰ってから、ゆっくりと座り好きなワインなどの酒を飲みながらにする。そのほうが心豊かな気分に浸ることができるはずである。また、会場で会った友人や知人を誘って後からレストランなどに行って一緒に食事をしてもいい。友好関係の度合いをさらに高めたり新しい情報を入手したりして、思いがけなく楽しい場にもなる。

催しの場で立ち食いをしたら一食ないしは半食分について得をするかもしれない。だがそうしないで人との交流を心掛けたら、そこで得られる人間関係におけるプラスの効果のほうが大きい。

姿勢のいいは七難隠す

立っているときであれ座っているときであれ、背を丸めた姿勢をしていると貧相な人にしか見えない。いくら立派な身なりをしていても、またいくら才色兼備とおぼしき人であっても、何か冴えない雰囲気しか伝わってこない。特に遠くから見るときは、文字どおり尾羽うち枯らした様子となり、みすぼらしさが強調されたかたちになる。

老人は身体のあちこちの部分にガタが来ていて「老い」の徴候が表れている。気をつけなければ姿勢が悪くなるのは当たり前である。そこで、意識的に姿勢を正しく保つ努力をする必要が生じる。そもそも姿勢が悪いのは、見掛けがよくないというだけでなく、さまざまな内臓の機能にも影響を与えるであろうことは素人の目にも明らかだ。

肩を落とし背を丸めてダランとした姿勢をしていたら、本人としては一応は楽である。姿勢を正そうとすれば、それなりの努力を続けなくてはならない。

まず背筋を伸ばすと胸を張ったかたちになる。そのうえに顎《あご》を引けば、それだけで精悍な構えにもなる。

この姿勢も立ったり歩いたりしているときは、比較的に守りやすい。だが、座ると途端に気が緩んで、また元のダランとした姿勢に戻る人が少なくない。

テレビを見ていると画面に出てくる人の姿勢の善し悪しがはっきりとわかるので、それらを参考にする。すなわち、姿勢がよい人であれば手本とし、悪い人であれば反面教師とするのだ。一般的にアナウンサーやキャスターはきちんとしているが、コメンテーターの中にはだらしがないとしかいえない姿勢をしている人も少なからずいる。

かなり頻繁に顔を出す人でも、人前に出るのは控えたほうがいいのではないかといった姿勢の人がいる。それに対してテレビ局の関係者が何もいわないのも不思議に思う。

正論をいったり気がきいた論評をしたりする人でも、人々に訴える力が弱くなっている。身体が曲がっているので、その発言にも曲がったところがあるのではないかと疑りたくなるくらいだ。

姿勢という外見的なことは、その人の中身とはあまり関係がないようでもある。だが、人に与える印象を大いに左右する。姿勢が悪い人といい人とがいて、どちらかを友人に選ぶようにといわれたら、誰でも姿勢のいい人を選ぶはずだ。その点を考えると、人間関係の場において姿勢のいいことは大いにプラスになることがわかる。

昔からの諺に「色の白いは七難隠す」というのがある。今時は、女性蔑視だとか何らかのハラスメントだとかいわれて非難の的になるような諺だ。女性は色が白ければ美しく見えるので、ほかに欠点がいくつあったとしても気づかない、という意味である。

その具体的な内容は時代錯誤的として斥《しりぞ》けられるかもしれないが、問題点の指摘とその重要性の表現方法は大いに参考になる。重要なポイントを象徴的に捉えて人人に印象づける方式である。そこで、その諺をもじって、「姿勢のいいは七難隠す」というのだ。

姿勢がよかったら、少なくとも第一印象においては、かなりの点数を稼ぐことができるのではないか。姿勢と同じように、性格も素直で実直であり、考え方もストレートでわかりやすい人であろうと周りは考える。姿勢が悪い老人の中で一際目立つ存在になるだろう。

正しい姿勢を保つためには、人に自意識過剰のナルシストなどと悪口をいわれても、頻繁に大きな鏡の前で立ち姿や座り姿をチェックする。それを習慣にすれば、自然に格好のいい姿勢を保つ結果になる。

さらに、家族の人に頼んで、ちょっとでもたるんだ姿勢をしていたら「姿勢が悪い」と怒鳴ってもらうようにする。その叱責《しっせき》の言葉がうるさいと思っているうちは、老いるに任せて自分の格好や健康などはどうなっても構わないと考えている証拠だ。それは「世捨て人」になっていることにほかならない。

老人こそ密かなおしゃれを

おしゃれをするといえば、身を飾り立てることだと考えている人が未《いま》だに少なくない。気のきいた格好をすることであるから、もちろん飾るという要素もその一部分ではある。ただ、飾るというと見掛けだけをよくするというニュアンスがあり、そうなると薄っぺらなものになりがちであるから注意を要する。

男性の場合に身につける簡単なおしゃれのアイテムはネクタイである。そこで、ここぞとばかりに派手なパターンとか原色とかのものにする人がいる。

ネクタイは一つのアクセントであるから、全体のアクセントになるようなものを身につけるのも一法ではある。だが、それでは人の注目を引くだけに終わってしまうこともある。やはり、上着やシャツなどと調和のとれた色調、素材、パターンのものでなくてはならない。

人を驚かすよりも、人に好感を与えるような効果を狙ったほうがいい。人を驚かせようとするとき、最初から大上段に振りかぶって真っ正面からするのは、極めて初歩的な手段である。それよりも、人がまったく抵抗なく相対している状態が続いているとき、何かの拍子に思い掛けないことにでくわす情況が展開されたほうが効果的だ。

たとえば、暑かったりして上着を脱ぐ羽目になり、シックな表地の色合いや風合いとはまったく相容れないような派手な裏地が垣間見られたときだ。

これは遊び着としての男の着物などの場合によく見られた手法である。表地は上品で地味な色合いにしてあるが、裏地には極彩色のものを使ったりして楽しんでいた。

また、シャツの袖によく見ると凝ったデザインのカフリンクスをしているときだ。普通は気づかないが、ちょっと腕を伸ばしたときなどに人の目に入ったりすると、ちょっとした違和感を誘う。意外な面白さというところに、おしゃれの極意の一つがある。

「隠れん坊」の遊びの面白さに似ている。鬼が想像できないような意外な場所に身を隠して、見つけられたときにも面白さがある。もし最後まで見つけてもらえなかったら、逆につまらない。身を隠しておいて見つけられる点に遊びの醍醐味があるのだ。

自分がこだわっているファッションのポイントについて、これ見よがしにしたり自慢したりするのは、人生経験を重ねてきた老人にはふさわしくない振る舞いだ。人に見つけられたら、その理由や習慣について控え目に説明をするくらいにしておく。

世阿弥の『風姿花伝』の中に、「秘すれば花なり、秘せずば花なるべからず」という言葉がある。隠すことによって神秘的にもなり人の興味もそそる。すべて表に出してしまったのでは、それほどに感心するほどのことでもなくなる。同じものでも隠しておけば価値がより高まるという理を説いているのだ。

もちろん、自分の凝ったおしゃれに人が気づいてくれなかったら、残念な思いをするのは当たり前だ。しかし、自分からすべて「内情」をぶちまけたら、せっかくの「花」も単なる自己主張や目立ちたがりの手段でしかないとされてしまう。すると、念入りにした努力も終《つい》には「無駄花」や「徒花《あだばな》」となる。人が見つけてくれるまで待つほかないのだ。

ただ、自分の密かなおしゃれは、自分の底力となる隠されたエネルギーとなり、それは余力となり自信につながっていく。そのうちに大きく咲き誇る花の「つぼみ」にも似ている。自分の心の中で大切に温め続けていく必要がある。

老人のおしゃれは派手に周囲の人たちを驚かせる「花火」のようなものであってはならない。人目を引こうとする魂胆があったのでは、人々にはしたないという印象を与えるだけだ。それは老人の寂しさの裏返しにもなっている。

やはり、老人のおしゃれは清潔な渋みがキーワードで、地味なムードの中に重みのある魅力を秘めた流れに沿ったものでなくてはならない。

ブランド品の広告塔をやめる

町のあちこちでちょっと周囲を見回すと、いわゆる有名ブランドのバッグなどを持っている人が目につく。それも大都会でファッション店が多く立ち並んでいる地域になると、かなり大勢の人たちである。

もちろん、女性のほうが大多数だ。そのようなブランド商品に目を奪われて、それを持ち歩いている女性自身には目を留める機会を失うくらいである。

このような傾向は、もはや流行とはいえない。流行とは一時的に多くの人たちが急に追従することになる流れであるが、ブランド商品の使用は今やかなり広範囲にわたって定着したかの感があるからだ。もちろん、多くの人たちとはいっても、パーセンテージでいえば一部の少数の人たちである。

だからこそ、その流れに乗り遅れたくはないとばかりに、次々に「新規使用者」が増えてくる。かくして、ブランド商品の隆盛が続いていく。

有名ブランド商品は高価でもあるし高級感が溢れていて人々の羨望《せんぼう》の的になる魅力がある。だが、その価格がそれに釣り合った機能性や満足感をもたらしてくれるかどうか、よく考えてみるべきであろう。

ただ、ほかの人がそうであるからといって「尻馬に乗る」ようなことをするのは、少なくとも自主性に欠けた行動である点については疑いない。経験の深い老人としては、浅慮に失するといわれるのではないか。もういい加減に人の真似をするのは止めて、自分独自の見識に従って判断し身を律していくべきであろう。

それにブランドのバッグの場合、そのロゴがこれみよがしに大きく表についていたり、明らかにそれとわかるパターンになっていたりする。それを外で持ち歩いていたら、そのブランドの宣伝をしている結果になっている。まさに「動く広告パーソン」である。商品を購入するのに高い金を支払ったうえに、頻繁に無料で宣伝活動をしてあげているにも等しい。買った側のほうが「逆アフターサービス」をしているといってもいい。あまりにも人がよすぎるのではないか。年を取ってから商人の商法に踊らされたのでは損がすぎる。

もちろん、その商品が自分のライフスタイルに合致していて、使うのに便利であったりすれば、それはまったく別の話である。ただ、やみくもに商人の言いなりになるのは、賢明な老人とはいえないことを指摘したいだけだ。

さらに、高価なものでも自分は買う財力があるのを示そうとするのであれば、その見栄のために余分の金を使っているだけではない。自分のアイデンティティーまで犠牲にしているので、品性に疵《きず》がつくのではないか。

同じバッグにしても、店舗の一つひとつを丹念に見ていけば、有名ブランドでなくてもデザインといい機能性といい優れた商品は多く見つかる。もちろん、いい商品は安物ではないので、それなりの価格にはなっている。だが、さまざまな条件を考えたときは極めてリーズナブルな価格である。それに「知る人ぞ知る」商品であることがわかる場合も多い。「皆」すなわち「大衆」に知られていなくても、「一部の識者」すなわち「目利き」は知っているのだ。

ただの一つの商品に関してであれ、後者の仲間入りができたら、自分の眼力と揺るがぬ信念に自信を持ち大いに誇っていい。

ブランド商品だというだけで皆と一緒になって追い求めていくのは、羊の群れに加わるようなものだ。その群れの中にあって、ただ本能にのみ従って皆と一緒に動いている。となれば、「迷える子羊」よりも劣っているかもしれない。迷っているのは、少なくとも「どうしたらいいか」と現状に対して疑問を感じている。その分だけ、知的な存在になっているからだ。

年を取ってからも「迷える老人」になっていたのでは恥ずかしいであろうし、人の波に流されて行き先が自分ではわからない状態になっていたら、羊の大群の中でただ歩んだり走ったりする一匹の羊と異なるところはない。自主的判断力を取り戻す必要がある。

2章

一流の人づきあい

同窓会やオービー会は情報の宝庫

若いころは同級生の会合などがあっても、あまり出席することはなかったはずだ。仕事に一所懸命で忙しかったので、そのような昔つきあいのあった人たちに会おうとするひまもなかった。それよりも、仕事に少しでも役に立つようにと勉強したりすることのほうに重点をおいていたのだ。

もちろん、その間にあっても親しい友人たちとは連絡を取り合って頻繁に会っていたので、単なる同級生とわざわざ会う必要もなかった人もいるだろう。何か仕事のうえで関連した企業や業界で働いている友人とは、その都度連絡をして個人的に会ってはいた。それですべて事が足りていたからだ。

ところが、年を取って仕事の社会にも慣れてきたりそこを出て行ったりするころになると、時間的にも心情的にも余裕が生じてくる。そうなると同窓会にも出て昔の友人たちに会いたい気持ちも湧いてくる。最初は参加するのが何となく億劫《おっくう》であっても、一度皆に会ってみれば懐かしいと思う感情で心がいっぱいになる。

懐かしいという言葉は動詞の「なつく」が形容詞化したものだ。馴れ親しみたいという意味から、昔のことに心が引かれる思いを表現するようになったようである。昔のことや人を非常によかったこととして認めて、それを思い出すことによって、自分の心が豊かで落ち着いたものになる。したがって、「心の栄養」になる高度な感情であるといってもいいだろう。

懐かしいという感情が生じたら、それは旧交を温めるという行動につながっていく。多くの思い出を共有しているのであるから、それまで長い間断絶していた仲間意識も瞬時にして元に戻ってくる。このような豊かな感情が生まれてくる可能性のある場を見逃すのは、「宝の持ち腐れ」というほかなく、もったいない限りである。

同窓会や、同じ組織にいた人たちが集まるオービー会などでは、皆それぞれに素性もわかっているし、成功や失敗の事実も知られているので気取っても無駄であるし、その必要もない。それだけに気楽だ。したがって、過去のことについてはすべて本音で話すことができる。和気あいあいの集いになる所以《ゆえん》である。

もちろん、現在について話すときも、かなりの程度「ざっくばらん」にいう姿勢に徹することができる。すなわち、情報や意見の交換がかなりの程度に透明化されたかたちでなされるのだ。たとえば、自分の健康状態や病気についてである。

若いときには仕事の場でも、自分の病気などについては隠そうとする傾向があった。病気や健康状態の悪化はマイナスの情報であって、自分にとって不利な影響を及ぼす可能性があるという恐れを抱いていたからだ。だが、年を取った今となっては、病気の一つや二つに悩まされていない人はいない。それを人が知ったからといって、もはや不利になることもない。

そこで、自分が経験した病気や現在悩まされている病状を話すことにも抵抗がなくなる。話してみると、「私も同じ病気だ」とか「私は手術をして治した」とか、友人たちからの情報が集まってくる。病院や医者に関する詳細なデータを教えてくれる人もいる。「同病相憐れむ」状態になって、仲間意識が強く芽生えてくるのである。

これは、自分から進んで情報を開示すると相手も関連した情報を与えてくれる、という相互作用が起こる結果とも説明できるだろう。いずれにしても、健康や病気に関するアップツーデートな情報が、現場に基づいたかたちで信頼できる人から入手できることになる。このような「現実的な利益」も、同じ教室で勉強したり同じ組織で働いたりした仲間たちであるからこそ、生じてくるのである。

同窓会やオービー会は懐かしいという幸せな気分にさせてくれるだけではなく、現在や将来に対する必要な情報や指針も与えてくれるのだ。

下品な人とつきあうと下品な老人になる

「悪貨は良貨を駆逐する」という「グレシャムの法則」がある。質の良い貨幣と質の悪い貨幣が同じ国の中で使われると、良いほうの貨幣は次第になくなり悪い貨幣だけが使用されるようになるという意味だ。だが、この傾向は広く一般的にもいうことができるようである。すなわち、「悪は善を駆逐する」という命題だ。

この世の中では、あらゆる分野で悪と善が混在しているが、自然のままに放置していると、徐々に悪が優勢になっていく傾向が顕著に見られる。それは政治や経済の表舞台でも大手を振ったかたちで行われているし、日常生活のマナーの推移にも多く見られる現象となっている。

悪のほうが善よりも勢いに乗るのが早く、またたく間に蔓延《まんえん》していき、それに従ったほうが楽である。また、利己的な実利も手に入る確率が高いので、人々は安易によく考えもしないで「悪の道」にはまっていくのだ。人間が生まれたときは「生」への欲望だけを持っているので「性善説」でいいかもしれないが、「社会」にもまれた途端に、その考え方は通用しなくなる。

悪を避けたり否定したりして善を信奉して守り通そうと思ったら、並大抵の努力では足りない。どこかで折り合いをつけて悪も容認するフレキシブルな考え方をしないと生きてはいけない。結局は、「清濁併せ呑む」のが人生である。社会の中には「濁」が溢れているので、ある程度は諦めるほかない。

特にビジネスの世界の真っ只中にいたときは、利益のために仕方なく多少の悪であれば容認してきた。だが、年を取りこれまでの人生よりもこれからの人生が短いのが明らかになってきたら、幼児のときのように「性善説」にできるだけ近い世界を生きてみたらどうだろうか。

すなわち、つきあう人も悪の内容が顕著であったり多かったりする人とは縁を切るのである。人として品のよくない人とつきあい続けていたら、自分の品も次第に悪くなる。「朱に交われば赤くなる」のはこの世の常だからである。

若いときは元気溌剌《はつらつ》とした勢いがあったので、多少の下品さもカバーされていた。だが老人が下品なのは救いようがない。「君子危うきに近寄らず」で、品の悪い人との接触は避けていく。それが自分の品格を維持するためにも必要不可欠な心構えだ。この際、腐れ縁や義理人情の絡みだけでつながっている、つまらない縁とは距離をおいていく。もちろん、縁切り状を示したのでは角が立つ。機会がある毎《ごと》に遠ざかっていくのだ。

周囲を見回してみると、品がよくないので嫌だと思っている人たちが何人もいるはずである。まずは金に汚い人だ。ケチの度が過ぎているので、出すべきときでも何らかの事情を「創出」したりして支出を拒もうとする。また、利があると見ると表に出てきたり近寄ってきたりするが、そうでないときは「知らぬ存ぜぬ」を決めこむ人もいる。その利己的な行動様式にいやらしさを感じていた人だ。

何かにつけて自己主張が激しくて、相手が弱いと見るとすぐに威張る人も困った存在である。威張るのは虚勢を張っていることであって、逆に自分の実力がないことを露呈している。その点がわかっていない思慮分別のなさにも愛想が尽きる。

さらには、出しゃばりもつきあいたくないタイプの人だ。自分の分に従うと出るべきところでない場に、巧妙に人を掻き分けて出ていく。その要領のよさとずるさには感嘆するほかない。謙譲の美徳などとはまったく縁のない人であるから、これ以上嫌な思いをしないうちに縁を切ったほうがいい。

以上のような下品な人は排するだけではなく、ここでさらに自分を磨くための「教材」として有効に活用する。すなわち、反面教師として位置づけて、そのような行動様式を自分が取ることのないようにするのだ。

子の面倒は死ぬまで見る

昔の家族の典型的な在り方は、年寄りは大人になった子に面倒を見てもらうという構図になっていた。閑居《かんきょ》する雰囲気を漂わせながら静かに余世を楽しんだのだが、趣味の世界で遊んだり時には孫の相手をしたりというのが、よく見られるパターンであった。

しかしながら、最近は核家族化が顕著になり、昔に比べると、子が成長するに従って「親子間の断絶」というに近い現象が一般的に見られるようになった。年寄りの親と子が同居するのも例外的になり、金銭的な面でも独立した方式に従う人たちが多くなってきている。それは老人と若い世代とのライフスタイルが異なっているので、かなり合理的な生き方であるともいえる。

ただ、祖父母と孫という関係は、同居であれ別居であれ、かなり親密な度合いを維持し続けている。お互いに自由な時間が比較的に多いこともあるし、甘やかしたいという気持ちと甘えたいという気持ちが一致しているからである。

この際に祖父母側として注意しなくてはならないのは、孫の親すなわち自分の子とその配偶者の教育方針をよく理解したうえで尊重することだ。

手放しで甘やかすことのないようにする。自分の子とは遠慮のないコミュニケーションができるし、またその気質もある程度は熟知している。だが、子の配偶者となると、元々は他人であり血がつながっていない。そこでちょっとした遠慮も必要になってくる。

特別に神経を使った配慮もしたうえで、頻繁に真意を確かめる努力もするべきだろう。孫の責任者はその親たちであって、自分たち祖父母ではないことを決して忘れないで、越権行為がないようにする。甘やかしが行き過ぎると、人に頼る習慣が身につくようになって自主性に欠けた人物になる危険性がある。

甘やかしは砂糖と同じで、それればかり与えていたら身体の機能に損傷を来す。日々の生活のどこかに人知れず加えたりすることによって、人生が楽しくなったり引き立ったりすることを狙う。すなわち、人生の味付けをよくする「調味料」として使ってこそ、有用性も増してくるのだ。

また、子が巣立って一人前になるまでは、親は全身全霊を捧げながらの努力を続ける。独立した生計を営むようになると一安心だ。

だが、そこで親の任務が終わったわけではない。一応は子もすべて自己責任の下で生きていくのだが、人生はいつもうまくいくとは限らない。大きな失敗をすることもあれば、致命的な天災に見舞われることもある。

そんなときは、本人のためにも社会に対しても、両親は「連帯保証」の責任を負っていると考える。社会の中で生きるようにと送り出したのであるから「製造者責任」といってもいい。子が何か悪いことを仕出かしたときに、「もう一人前の社会人になっているので、親であっても自分には責任がない」とうそぶく人もいる。確かに法的にはそのとおりかもしれないが、「親子」という絆で結ばれた間柄においては「心情的」なつながりを否定することはできないのではないか。

独り立ちしたからといって、親子の「愛」が途切れることはないはずだ。ここでは法律的な責任の有無は問題ではなく、親子がどのようにして助け合うかという極めて「人間的」な問題なのである。

そのような観点に立って親子関係を見れば、いくら年は取っても親は親であって、子の面倒はずっと見続けるべきだ。子としては、何かあったらいつでも親の許に帰って来ることができる。どうしようもなくなったとき、親は最後の拠り所であり避難所である。

そのためには、親としては大きな家であれば一部屋、小さなマンションであればそのクローゼットの中の一角でもいい。そこに子供が残して出て行ったものを置いておく。それは親の思い出のためというよりも、子が帰ってくればいつでも受け入れるという象徴的な意思表示の場となっているのだ。

忍ぶ恋に「忍び難きを忍ぶ」

「老いらくの恋」という言葉が頭の中に残っている。歌人の男性が還暦も過ぎた年齢になってから、自分と親子ほどの年齢差のある弟子の人妻に恋をして、最後には結婚したという話だ。

終戦後のことだが、ずいぶんと話題になったので、よく覚えている。少年にとっては、老人の恋という言葉や事実にはちょっとした違和感があったからでもある。

しかしながら、世の中は変わっていく。還暦であれ古稀であれ恋をする人の話には事欠かない。

「恋に上下の隔て無し」という諺があって、恋愛に身分の区別はないというのは昔からの常識だ。それと同じように、「恋に年齢の隔て無し」というのも、今や皆の認めるところである。年を取ろうが取るまいが、恋をするのは極めて自然な人間の感情のおもむくところとなっている。

ただ、老人となってからの恋には、やはり若いときのような無鉄砲さがあってはならない。自分のみならず相手についても、その立場や境遇を十分に考慮したうえで、ゴーサインを出すかどうかを決める。

まずは配偶者がいるかどうか、それに小さい子供がいるかどうかなどは、避けて通ることのできない関門である。既存の家庭を壊していいかどうかの問題だ。

不倫などは問題としないという考え方の人たちもいるが、まだ世の倫理に反する行為をすれば、それなりに本人にも社会的な罰が下される。もう若気の至りという言い訳のきかなくなった老人としては、理性と分別の知恵を失うようなことがあってはならない。

小説、それに映画やドラマの世界では、不倫や奔放な「愛の遍歴」などがテーマとなったストーリーが展開されている。その中に出てくる人たちの中には「老人」

もいるし、その花々しい活躍ぶりが読者や観客の関心を大いに引く場合もある。だが、それらは作家や脚本家たちの「たわ言」であるくらいに考えるのが、老人の分別であろう。

自分ないしは自分たちの感情がおもむくままの自由奔放は、周囲にいる多くの「利害関係者」の不自由と逆境につながる恐れが大いにある。人生経験が長くて深い老人としては、あまり世間や人を騒がせることをするべきではないだろう。「功成り名遂げて身退くは天の道なり」である。自分なりにではあれ社会にある程度を尽くした者としては、身を退くという摂理に従った考え方をしたほうがいいだろう。世の摂理を乱すようなことはしないのだ。

しかしながら、恋をしてもその感情を抑えろ、といっているのではない。いわば、せっかくの熱い思いだ。ただ、燃やさないで温め続けようという姿勢のすすめである。

恋心が湧いてきたら、その思いをずっと持ち続ける。ただ、表に出さないようにする。すなわち、「忍ぶ恋」ないしは「秘めたる思い」に徹する。

百人一首の「しのぶれど色に出でにけりわが恋は　ものや思ふと人の問ふまで」のように、人に知られるようになってもいけない。その寸前で止めるのだ。人知れず慕うくらいの風情がいい。現在ならびに将来にわたって相手の迷惑にならないようにとする配慮である。

相手が結婚していたり恋人がいたりするときの横恋慕でもいい。とにかく相手のことを密かに思い続けるのであるから、表向きには何らの波風も立たない。

いずれにしても、恋の「成就」などという大それたことを目指してはならない。独り静かに相手への恋心を持ち続けるのだ。

「片思い」に徹して、決してその枠から外れないようにする。隠れたる一方的恋人ではなく、「ファン」の位置にいると思ったほうが適切かもしれない。

ともすると燃え盛りそうになる恋心を忍ぶには強い理性と忍耐力を要する。「耐へ難きを耐へ、忍び難きを忍び」の精神を貫く。そこで蓄えられたエネルギーは、力弱き老人にとっては人生の大きな推進力になっていく。

肩書きそのものには敬意を表する

仕事の社会における肩書きの効用は大きい。まったく知らない人であっても、その人が属する組織の名前と肩書きが書いてある名刺を見れば、その人がどんな人かについて見当がつく。担当し責任を持っている分野や部署がわかり、どのくらいの権限を持っているかもわかる。ほとんどの場合、仕事の内容についても大体は推測できる。

特に広く世に知られている組織で働いているときは、名刺一枚見ただけで、社会の中におけるその人の人物評価までもが大体のところ決まってくる。もちろん、人としての価値は、その身分や地位によって「確定」するものではないが、少なくとも暫定的に「推測」をすることが可能だ。

正確にいうと、肩書きはそのビジネス社会における役割を示す「仮面」である。組織の中において、どの辺りの地位に位置していて、意思決定や実行に当たってどのくらいの権限を持っているかを示しているが、実際の実行力についてはわからない。いわゆる「傀儡《かいらい》」であったり、実際には決断力がなくて陣頭に立って指揮する力がなかったりする場合もあるからだ。

それでも、名刺に書いてある肩書きは、少なくとも組織としては認めている地位であるから、外部の人はそれを信用して仕事を推し進めることができる。組織が公に認めている以上、最終的には組織が責任を取ってくれるはずだからである。

また、その肩書きは、その人が仕事世界の中で営々と努力を重ねてきたうえで手に入れている。換言すれば、その働きぶりの成果を示すものである。したがって、それに対しては称賛の意を表明して然るべきだろう。

もっとも、まともに努力した結果ではなくて、奇貨を上手に利用するとか、巧妙な駆け引きを続けるとかして、組織からもらった地位であるかもしれない。また、単に上の人に目を掛けられた「ひいき」の力によって、上まで上がってきているのかもしれない。さらには、経営者ないしは経営陣の中にいる人に発する「世襲的な」コネによって登用された結果であるかもしれない。

しかしながら、いずれも自分自身または親しい人の努力によって取り立てられている。単なる「運」がよかった場合もある。それでも自分が一所懸命になって運を引き寄せたりタイミングよく運を摑《つか》んだりする機敏のよさがあったからこそだ。一応はその努力を認めてもいいだろう。僻《ひが》んで文句ばかりいっても、現状がくつがえるわけではない。称賛はしないまでも努力の一端くらいは認めるのが、老境に達した人生の達人としての姿勢であるかもしれない。

もちろん、政界や財界の大物であっても、権謀術数の限りを尽くしたり、平気でうそをつくだけでなくさらにその上塗りまでもしたりする人がいる。本人は恥の上塗りをしているのがわかっていない。まさに厚顔無恥の最たる人である。周囲にいるのは分別のない追従者ばかりなので、「裸の王様」になりきっている。尊敬に値しない、というよりも軽蔑すべき人物だ。

そのような人が目の前に現れたときはどうするか。もちろん、人間としての信頼性も備えていないないし資質や人格においても劣るので尊敬した姿勢を取るのは難しい。ほかの人たちはペコペコしていても、それに倣《なら》う必要はない。ただ、自分としては毅然たる態度で礼儀正しく「こんにちは」などといえば十分である。

これは、権威がある人に対して礼を尽くすのではない。その人の有している「肩書き」そのものに対して敬意の表明をしているのである。それが礼儀正しい振る舞い方であり、同時に自分自身の「尊厳」を守る術である。礼は元々人に対してするものであるが、社会の秩序を守るという枠組を逸脱するものであってもいけない。

その点に対して「老人の知恵」を働かせるのだ。年を取ると、どこに行っても目上になり上から目線になる傾向があるので、心すべき点である。

懐かしさの流れを第三者には押しつけない

何十年も前に端を発した話である。まだ海外旅行も一般的ではなかったころ、ある組織がニューヨークで開催された見本市に参加した。商品の説明をするために四、五人の若い女性を送り込んだ。いわゆる良家の子女たちである。やはり日本の商品であるから、皆も着物を着て一ヵ月近くの開催期間中の毎日、その役目を果たしていた。

まだ、外国の大都市におけるライフスタイルは、日本人にとってはすべて驚きと憧れの対象となるころだ。仕事から解放された夜ともなれば、町中へと繰り出そうとするのだが、何しろ勝手がわからない。そのようなときに現地で働いていたのが、その組織のトップの知人であった独身の男性だ。

率先して皆の面倒を見るようになり、あちこちを案内して歩き、一緒に食事をしたりして遊ぶことになった。短期間ではあったが、時間が凝縮された感があったので、親しい仲間意識が生まれた。彼はアメリカ式にファーストネームで呼ばれ、彼は皆をチャン付けで呼んでいた。

彼女たちが帰国してから二年くらい経って彼も日本で仕事をするようになった。皆も結婚したが時どき交流の場が設けられて、懐かしい思い出話に花を咲かせていた。そのうちに彼は自分の得意な分野の一つについて、講座を担当して教えることになり、その仕事はずっと続いている。そこに彼女たちの一人が参加してきた。当然のことながら、彼女は彼を「先生」と呼ぶようになった。

その仲よしグループは未だに会食などをしているが、たまにはそれぞれの配偶者も加えて集まろうということになった。その場で、彼の生徒になっている彼女は、当然のことながら、彼を先生と呼ぶ。

すると彼女たちの中の一人が、彼をファーストネームで呼びながら「何とかチャンは彼のことを先生、先生といっているけど、おかしくって」といったのである。

確かに呼び慣れていない人にとっては、大きな違和感がある。昔の仲間同士としては、これまでどおりの呼び方でないと、他人行儀なムードになって、せっかくの懐かしさに水をさす結果にもなりかねない。だが、その場に彼の妻も参加しているのであるから、少なくとも礼を失する発言になる。

「何とかチャンは先生と呼んでいるんだ。じゃ、私も同じようにいわなくては。ファーストネームで呼んだりしたら、失礼になるわよね」などといえば、自分たちの親しさを壊すことなく、彼の妻の気分にも配慮した言い方になる。

特に年を取ると昔の親しさを増幅させて懐かしさを強調したくなる。それは刺激が少なくなった老後の楽しみの一つでもある。だがその昔の親しさを、第三者に見せつけてはいけない。現時点で配偶者などという深い利害関係者の前で自慢たらしくいうのはいけない。その人に疎外感を抱かせてしまう。

とにもかくにも、思い出深い自分のエピソードの流れを振り回してはいけない。

その話の中心になる人の配偶者が目の前にいるときは、その相手の心情を推し量ったうえで、控え目な表現をする必要がある。自分の経験は非常に印象的であったとしても、それは過去における一つの出来事でしかない。それを強調して昔の感情をそのままに表現したのでは、その配偶者の心の中に土足で踏み込むような結果にもなりかねない。

夫婦間では長年にわたって築き上げられてきた感情の流れという強い絆が出来上がっている。それは強固なものであるから、人のちょっとした言動によって壊れることはない。しかしながら、そのような感情に対してマイナスになるようなことをいうべきではないだろう。

懐かしさは昔の仲間同士で享受し合えばいい。調子に乗って昔のムードそのままを再現するような振る舞いに及んだのでは、仲間以外の人を嫌な気分にさせる結果になる。同時に自分の品格までをも落とすことになりかねないので、注意を要する。

「老人に二言なし」、どんな約束も大切に

仕事の世界にいたときは、スケジュールの管理に気を使っていた。仕事も家庭も大切にしていたが、何かの拍子に二者択一をせざるをえなくなったときは、ためらうことなく仕事を優先させていた。

ワーク・ライフ・バランスなどと口ではいっていても、緊急事態などの特別な事情でない限りは、ライフは後回しになっていたのだ。

仕事の中においても、その重要度を勘案したうえで優先順位をつけて、最もいい結果になるようにと神経を使っていた。したがって、一つの作業に従事する予定を立てていたときでも、重要度が遥かに優る作業をする必要が生じたときは、すぐに後者のほうを先にしていた。

客先と打ち合わせの約束をしていても、それより重要な会合などに出席する必要が生じたときは、延期することもあった。「ちょっと緊急な用ができましたので」などと言い訳をした。

しかしながら、先方としてはいったん約束した日時を変更されたのでは、少なくとも自分たちをある程度であれ軽視しているという印象を受ける。

もちろん、約束の内容によって重要度の判断をしたのであるが、約束の相手、すなわち企業ないしは個人が「非常に」重要視されてはいない、という事実を打ち消すことはできない。したがって、ビジネス社会においても、会合の日時の変更などはしないほうがいい、というのは常識であった。

さて、仕事の世界を離れると、個人的な生活が中心となる日々である。そこでは、家庭から一歩外に出ると人間社会の色彩が極めて濃厚だ。となると、人とであれ店とであれ、会うとか訪れるとかの約束をしたら、それを守るというマナーが非常に重要になる。

約束はその時点における自分の都合に従ってする。だが、個人の生活の場でも流れは次々と変わっていく。そこで、いったんした約束も変更したほうが都合がいい、という事態も生じる。だが、そこで「自分の都合」に従って簡単に変えてはいけない。

友人と久し振りに会って食事でもしようかといった約束であれば、つい軽く考えて延期したくなる。

しかしながら、相手は予定したうえでそれなりに準備をしている。それは小さな期待であり、変更を願い出れば、相手もすぐに簡単に忘れようとする。ところが、「期待を裏切った」という思いは本人でさえ意識していないくらいであっても、心の奥底にはマイナスの感情として残っている。そこで、約束のキャンセルが複数回起こるようになると、それは不信感を醸成する結果となる。

医院やレストランなどの予約についても同様である。ちょっとした用事ができたからといって電話一本でキャンセルするのは、相手にとっては多大な迷惑である。

予約を平気でキャンセルする人は、予約に「仮」の要素が多いと思っている。だが、予約もれっきとした約束である。将来のことについての約束なのである。

予約にしろ普通の約束にしろ、簡単に変更する人はそういう癖のある人だ。「常習犯」なのである。そのことを周囲にいる人たちは皆知っている。そこで、彼の「予定」はすべて「未定」と同じだから気をつけろ、などと悪口をいわれる羽目になる。

老人になって重要度が増大するのは人間関係である。人と人とがスムーズにつきあうことができる背景には「信用される」という条件が不可欠だ。そこで、いったん約束したことは、その相手が誰であれ内容が何であれ、「死守」するくらいの心構えが必要となる。

ちょっとした情況の変化が起こったくらいでは、約束は先着順をモットーとして淡々と守っていく。

「武士に二言なし」といわれている。いったん口にしたことは翻すことなく信義を重んじる姿勢である。老人も武士と同じように毅然たる姿勢で「老人に二言なし」を実行するのだ。それだけで十分信用に値する老人になることができる。

3章

一流の金の使い道

高価よりも実質的な高級を

老人になると通常は収入がなくなったり少なくなったりする。したがって、潤沢な預金などの資産がない限りは、ある程度は倹約をして緊縮に努める必要が生じる。大金持ちの中には平気で金を湯水のように使う人たちもいるが、まず真似はできないので羨《うらや》ましがる必要もない。彼らは彼らであり自分は自分であると割り切って考えれば、そのくらいの分別はつくはずだ。

そもそも羨むというのは、ほかの事情や条件などをまったく考えないで、何か一点について人と自分を比較して、人のほうがいいと思って地団駄を踏むにも等しい感情だ。それは幼児性の最たるものであるから、大の大人のさらに上を行く老人としては、持つべき感情ではない。羨むに似た感情が起こったら直ちに深く反省をして、自分の人間としての至らなさを恥じたほうがいい。

自分自身のおかれている境遇を客観的に見極めたうえで、自分自身の身の程知らずの「欲の深さ」と真っ正面から対決する。その試みが成功すれば、自分のこの世における存在理由も明らかになり、諦めの境地にも近づいているはずだ。

とにかく、つまらぬ欲を投げ捨てて世の中を渡っていくという考え方を養成し維持していくのは、一生続けていかなくてはならない課題であると覚悟を決める。そのうえで培った判断基準に従って自分の道を進んでいったり切り開いていったりする。そこに自分らしくて無理のない生き方が見えてくるのである。

すぐ簡単に実現できてまったく抵抗を感じないことであったら、自分の生き方に沿っていることである証拠だ。誰に遠慮することもないので、自分の考えに従って行動していけばいい。おかしいと思うことがあれば、自分の生き方に反することであるから、直ちにやめればいい。

たとえば、最近の飲食店で見られる高級化、それも超高級化といったほうがいいような傾向についてである。

　レストランなどでは、ちょっとしたコースで最低賃金額の時給の何十倍にもなる料金を設定しているところも少なくない。しゃれたインテリアにして立派な食器類を使い、そのうえに格好をつけたプレゼンテーションをしている。さらには、食材がどうのこうのというゴタクまでも並べられる。

　しかも、その類いのレストランや料理店はなかなか予約が取れないという評判らしい。入店が難しかったり時間が掛かったりするといえば、何とかして行ってみたいと思うのも、物見高い人たちの好奇心を大いに刺激する。評判が評判を呼び、それに釣られて行く人は多いようだ。

　私も人に連れられて行ったことはあるが、「おいしさ」についてそれほどの感動はなかった。というよりも、料理そのものとは直接に関係のない周辺的なことの仰々しさのほうに辟易《へきえき》した思いをしただけだ。ちょっと意地悪な言い方になるが、「高級店」ではなくて「高価店」であるにすぎないといったほうがいいかもしれない。

「あの店には行ったことがある」などといって話の種にしたり、自慢したりすることはできる。しかしながら、それだけでは金の無駄遣いになるのではないか。また、老人であるからといって「冥途《めいど》の土産」にしようとする人がいるかもしれない。だが、そのようにいわば商人の餌食になったような話は誇るべきことではないであろう。

一般的にいえば、飲食店などはバカ高いところへ行くべきではない。金を多く出す分だけ期待するものが大きい。そこで、味が「今一《いまいち》」であったりサービスにちょっとでも難点があったりすると、腹立たしい思いにもなる。自分が期待を勝手に大きくふくらませたために、ちょっとしたマイナスになる点があっても、大いに不愉快になる。そのようなときは、期待をしすぎた自分のほうが悪いと思って諦める。その類いの店には二度と行かなければいい。

金を殖やす話から全力で逃げる

　仕事の世界から遠ざかると、働いて手に入る収入はなくなる。そこへ、新聞、雑誌、テレビなどのメディアが、「老後にはどのくらいの金が必要になるか」といったテーマの記事や番組を組んでくる。そこで示された金額を見て、自分は一応は大丈夫かなと思って一安心する人もいれば、「これは大変だ」といって不安感に苛《さいな》まれて「何とかしなくては」と考える人もいる。

　大丈夫であろうと考えた人であっても、世の中の情況が変わってくる可能性があるので、油断はできないと思う。特に最近の政治の方向性や動きを観察していると、文字どおり「朝令暮改」の様相を呈している。トップに位置する人の恣意《しい》によって、政策が唐突に次々と変えられている。万一に備えるためには、「もっと多くの金」

が必要になるのではないか、と考えるのも無理はない。

　そこで、金を殖やす方法はないかと考えるのは、極めて自然な流れである。そのような老人たちの心情に狙いを定めて、あらゆる分野の商人たちが誘いを掛けてくる。この情況を客観的な目で観察してみると、「老人対商人」の「合戦」の始まりである。知略に長けた商人は親切を装って老人に近づいてくる。

　現在持っている金を殖やす方法をいくつか示すことによって、老人の関心を引き歓心を買おうとする。まずは「羊の皮を被った狼」だと思っていい。このせちがらい昨今の世の中にあって、一介の老人に対して個人的に儲け話を持ってくる人がいたら、まさに青天の霹靂《へきれき》というほかない。しかも見ず知らずの人で、過去に自分が恩恵を施した相手でもないならなおさらだ。

　金を殖やす方法を教えてくれる人には、動機にやましさがあるようだ。最初から「お客様、お客様」などと話し掛けてくるが、「金が言わせる旦那」ならぬ「金が言わせるお客様」だからである。自分という人に対してではなく、自分が持っている金に目をつけているのだ。

預貯金の金利もゼロに等しい状態になっていて、「安全」に金を殖やす方法はない。そのような機会があるのだったら、売り込もうとしている本人がまず利用するはずだ。「なぜしないのか」と聞けば、「自分には金がないから」などという。自分の金は大切であるから使わないが、人の金なら使っていいと思っている下心が透けて見えてくる。

正面切って「投資」といってすすめてくるときは、即座にノーという。説明だけ聞いてくれとかいっても、投資のトの字またはその気配を感じたら、すぐに退散する。「三十六計逃げるに如かず」で、後ろを振り向いてもいけない。

現在持っている金では老後が心配だからと思っても、その金を殖やそうなどと考えてはいけない。金に金を稼がせようとしても、自分の手を離れた金には自分自身のコントロールはきかない。その金を所持ないしは占有している商人が、それを「道具」にして自分の利益を図るだけである。したがって、とにかく現在持っている金は手許に置いて死守する。文字どおり「後生大事」に手離さないことだ。

もちろん、自分の金ではなく自分の頭と手足を使い、働いて稼ぐのは、現在持っている金が減ることはないので、心身に無理をしない限りはしてもいいだろう。だが、その心身は衰えていく傾向にあるのだから、知らず知らずのうちに無理をしているかもしれない。したがって、何とか暮らしていけるだけの金があると思ったら、少しでも家計の足しになどと考えるべきではない。

そのようなちょっとした「欲」は、老人にとっても危険な場合が少なくない。「老後」という言葉には、のんびりとかゆっくりとか、さらには楽にとかの言葉がふさわしい。ちょっとでも金のにおいが強い場は、人々が狙っている場である。どうしても競争の要素もどこかに出てくる。それは平穏無事とは縁遠い世界である。できれば近寄らないほうがいい。

倹約はしても交際費はケチらない

もう年金の収入くらいしかなくて金持ちでもなかったら、緊縮財政を心掛けなくてはならない。金を支出するときは、健全な資金管理の大原則に従って、現時点で自分にとって必要不可欠な出費であると考えたときのみにする。単に欲しくなったと思っただけで買ったのでは、それは「衝動買い」のカテゴリーに入る。

衝動買いは「若気の至り」にほかならないから、長年にわたる経費や知識の豊富な老人としては恥ずべき行為といっていい。もう少し酷な言い方をすれば、幼児性からまだ脱却していない面もある。やはり、老人という域に達したら、少なくとも年齢的には最高位に上り詰めた人間として、「分別」のある振る舞いに徹するべきだろう。そのような自覚をすることが矜持《きょうじ》へとつながっていく。

年を取って倹約をすると、貧乏たらしくて落ちぶれたと思われるので嫌だ、というのももっともなところである。だが、その考え方を分析してみると単に人目を気にしているだけだ。すなわち、見栄を張っているのである。この期に及んで、人がどう考えるかなどといった周辺的なことを気にするのは愚の骨頂である。

人がどのような見方をしようと、それは人の自由である。人の勝手によって自分の人生、それに日々の生活を左右されるのは、もう止めたほうがいいだろう。これからは実質的な面に焦点を合わせる。「名を取るより得を取れ」である。口やかましい世間の目も、守りの姿勢を取っている老人に対しては寛大になってくる。

見栄などという考えも、若いときには場合によってはある程度の効用があった。見栄を張ることによって実際よりもよく見せようとして「うそ」をつくのであるが、そのうそを本当にするために努力をしていた。そして実際にも、少し時間はかかったかもしれないが、「うそをまことに転化」する結果になることもあった。だが、老人には残された時間があまりないので、そのようにして後から辻褄《つじつま》を合わせるようなことをするのは難しい。

日々あるがままの自分を見せて「透明化」の行き渡った人生にしていく。すると、気取る必要もまったくないので、楽な気分で話をしたり振る舞ったりすることができる。ちょっと気取ったり虚勢を張ったりしたばかりに、後からうそをいい続けなくてはならなくなるといった愚行は、年寄りには大きすぎる負担になるだろう。

必要経費も、その必要性を厳しくチェックして、現時点で「絶対に」必要かどうかを判断する。無駄遣いをする結果になったら、金を捨てたも同然である。そんな愚かなことをする余裕などないはずだ。

そのように厳格に考えていくと、人とつきあうための出費などは、できるだけ抑えたりなくしたりしたほうがいいと考えるかもしれない。だが、豊かな人間関係は老人にとって癒しの源泉であり心の拠り所である。そのための支出をケチしたら、人間関係が円滑にならなかったり、最悪の場合はなくなったりする危険性が大きくなる。そうなると、「交際費」は必要経費の最たるもの、といわざるをえない。

また、その出費を出し惜しみしようとするあまり、自分が食事に招待するときに、いかにもグレードの落ちるレストランなどにしたら、せっかくの好意も逆効果となる場合がある。相手が「自分をこの程度くらいにしか思っていないのか」と感じたら、お互いの人間関係にちょっとしたひびが入ったにも等しい。本人はケチした分だけ得をしたと思っているかもしれないが、その分だけ相手の心にマイナスの影響を与えている。

すなわち、招待したときに使った金が無駄になったので、全額について損をした結果になっている。そのうえに悪い印象まで与えているので「大損」だ。接待をするからには、多少は奮発する気構えが必要である。

温泉とアウトレットで遊ぶ

温泉旅行という言葉には、のんびりと楽しむという響きがある。年寄りにとってはこのうえなくふさわしい、ゆったりとした気分になることのできる時間を提供してくれる。若いときには仲間と温泉に行っても、大いに飲んで食べるのに忙しく、その合い間に温泉に浸かるという図式のほうが多かったのではないだろうか。

だが老人になり、さらにその度合いが進むと、「湯治」というニュアンスが出てくる。病気ではなくても「療養」という色彩が濃くなるからだ。長年にわたって使い続けてきた自分の身体と心を癒すのである。したがって、飲み食いに対する比重は小さくなる。

ところが、普通の温泉旅館は食事を売り物にしているところが大多数だ。盛り沢山の料理をつくってご馳走攻めにする。夕食だけではなく朝食もかなり豪華だ。せっかく料金を払っているのだからといってケチな根性を起こして全部食べたりすると、まず間違いなく食べすぎになる。

また食事をする時間も大体ではあれ決められているので、そのスケジュールに合わせようとすれば、「のんびり」というモットーなど素っ飛んでいってしまう。

そこで、私はホテル形式のところを常宿にしている。三泊くらいを通例にしているのだが、昼食がメインの食事となるような習慣にしている。

朝食は取ったり取らなかったりで夕食も簡単に済ます。またいつも同じホテルであるから、すべて勝手がわかっている。自分の別荘のようなものであって、余分な神経を使う必要もない。

従業員の人たちの多くも大体は顔見知りになっているので、さらに気楽さは増す。自宅からは電車とバスを乗り継いで行くのだが、これも慣れているので途中でまごまごして不安な思いをすることはない。

東京からは近い行楽地なので、何か急用があったらいつでも直ちに帰ってくることができる。実際にそのような目に遭ったことはないが、気楽に出掛けることのできる理由の一つでもある。

温泉ホテルへの滞在中は、夫婦の意見が一致すれば、近くの美術館を訪ねたりもする。内外の名画を数多く収蔵し、定期的に特別展を催すので有名なところだが、山の中に位置しているので、時間帯にもよるのだろうが、あまり混雑した場に居合わせたことはない。

かなり頻繁に見る機会のある名画も多く、それらは大抵好きになっている。そのような作品に出合ったときは、私たちの絵を美術館が保存してくれていて、私たちの訪問に合わせて展示しているのだなどと、自分勝手な解釈をして嬉しく思うこともある。非常に心豊かな気分になるときだ。

また、バスに四十分くらい揺られていれば着く距離にあるアウトレットに行くこともある。ファッション商品を安い価格で売っているのだが、高級ブランド物も多いので、ファッションの大きな流れを垣間見る機会になっている。

東京の百貨店や専門店に行くと販売攻勢が激しくて、やたらに声を掛けられる。何とか買わせようとするので口やかましく、ゆっくり見るひまもない。

ところがアウトレットでは、多くの人たちが「最初から買う気になって」来ている。したがって、店員も商品の説明をしたり試着の手伝いをしたりするだけの、「静かな」販売努力をするだけでいい。そのために、客としても落ち着いた雰囲気の中で品定めをすることができる。私たちも時どき掘り出し物的で「必要な」商品を見つけて買うこともある。

また、この場所は富士山の裾野に位置しているので、天気がいいとその絶景を楽しむことができる。登山に興味のない私たちにとっては、いちばん近くで大きく見えるのを楽しむことができる場所になっている。時どき雄大な山を身近に見ながら、広い敷地の中をあちこちと歩き回るのは、非常に健康的な散歩にもなっている。それに、おいしい空気も吸うので若返る思いをする。

老後の勉強はあくまで「余技」と心得る

すんなりと定年退職を受け入れたり、働くばかりが人生ではないと悟ったりした人は、老年期を積極的に楽しもうとする。組織などに縛られない気楽な生活の中に入り、新たな人生を見つけたとばかりに喜んでいるはずだ。

一方で、まだ働きたいとか金銭的にも働かなくてはならないとか思っている人は、働き口を懸命になって探す。だが、それは普通の年寄りにとっては難しい環境になっている。そこで何か資格があったら有利ではないかと考えて周囲を見回すと、各種の資格取得をすすめる広告などが目につく。

さまざまな分野にわたって、カウンセラー、アドバイザー、インストラクター、診断士、管理士、技術士などの名称の下にさまざまな資格があるようだ。また、ちょっとした知識があれば誰でも取ることができるような資格もある。資格というよりも、一定の知識を持っていることを単に証明する程度のものまである。まさに、資格という「地位」をつくり出すことによって、それを単に一つのビジネスチャンスにつなげていこうとしている。

明らかに受験料、そのための勉強をするときの受講料を手に入れようとするもので、いかがわしいビジネスであると決めつけたほうがいい。このような資格ビジネスに引っ掛かってはいけない。たとえ、資格を取ったとしても、実際にはあまり役に立たないし、そのために仕事が見つかることも望めないと思われるからだ。

ただ、勉強をするためであったら、資格の種類によっては、メリットなしとはしない。一応の目標があるので、規律正しい勉学の時間を持つことができる。すべての面でルーズになりがちな老後にあって、建設的な一つのリズムをつける効果がある。それに、これまでまったく知らなかったり一向に頓着しなかったりした世界を知ることになるので、世界が広がってくる。

さらに、通信講座ではなく出席して参加する勉強の場であったら、若い人たちと意見交換をしたり話し合ったりする機会も生じる。新しい世代の人たちの考え方や生活態度に触れることになり、これは思い掛けない「良質な副作用」である。

それに関連して思い出したことがある。もう亡くなってから二昔以上にもなる母の喜んでいた顔だ。晩年は島根県の田舎に独りで住んでいて、お茶やお花も教えていた。生徒には若い人たちもいたので、若者についても一応の知識はあった。

ある時期にアメリカ人の若い男性から英会話の個人レッスンを受けていた。母は英語という新しい言語だけではなく、欧米の考え方などが非常に興味深かったらしい。だが、「七十歳を過ぎた自分が、若いアメリカ人の男性からトメコとファーストネームで話し掛けられるのが、いちばん嬉しかった」といっていた。

田舎、異国の青年、外国語、老人などという舞台と登場人物の絡まりの中に、母は新鮮な刺激を感じていたのだ。そこで人生を生きていくときに必要な「意気込み」を見つけた。それがエネルギー源となって、独りで前向きに生きていく原動力の役割を果たしていたようだ。

　年を取ってから資格を取るために勉強するのはよくない、とはいえない。だが、一般的には「時すでに遅し」というほかない。勉強のための勉強は、頭の訓練というよりも頭の中が錆びないようにという観点からは意味がある。それに長い間続けていた仕事の世界では出会うことのなかった人たち、その中でも特に若者と触れ合う機会ができる。

　もちろん、勉強という目標を口実として学問の世界に入っていくのは、意義なしとはいえない。しかし、そこで「功なり名遂げ」ようなどと考えるのは筋違いであろう。悠々自適の姿勢を保っていく中で「余技」の世界として位置づけるくらいにしておく。

どんな「先生」も やはり自分ファースト

若いときは自分の権利や義務に関連してトラブルがあっても、自分自身で考えて解決したり、場合によっては最初から諦めてしまったりした。選択肢がいろいろとあるので、事の軽重を自分なりに考えて、進んでいく道を変えることが比較的に簡単だからという理由もある。それにじっくり構えていれば何とかなるのではないか、という楽観的な考え方もしていた。

ところが、年を取ってからのトラブルについては後がないので、問題は深刻だ。この期に及んで何とか自分を守ろうとして、背水の陣を敷く。そうなって自分の力だけでは勝ち目がないと思ったり、自分の主張する権利の背景にも自信がなかったりすると、専門家に依頼して事を運ぼうとする。

そこで、すぐに弁護士に依頼しようとするが、それは早計だ。まずは相手方と話し合ってみる努力をする。そのときにいきりたった姿勢になっていたのでは、そこで円満解決の道を自らが閉ざしたことになるので注意を要する。要は、自分が問題としていることに関して、相手に「相談」をするという態度に終始することだ。

最初から自分の権利を主張すると、それだけで相手を「敵に回した」結果になる。自分の言い分をいうよりも、自分が問題だと思っている点について説明して、それを相手と一緒になって何とか解決したいので助力を懇請する、という姿勢に徹するのである。いわば、権利の反対側にいる人をも「味方」に引き入れようとする考え方である。

もちろん、そのようにしても、問題点を聞いただけで自分が攻撃されたと思う人は少なくない。それでも下手《したて》に出て話し合う努力を重ねるのだが、そのようにすぐけんか腰になる人とは折り合いがつく可能性は低い。そうすると、そこで自分の言い分を引っ込めて諦めるか、第三者を間に入れて解決を図るかの道しかなくなる。後者の場合、一つの道は弁護士の助けを借りることである。その際に忘れてはいけないのは、職業的専門家はその業務を提供することによって自分の生計を立てているという事実である。

もちろん、依頼してきた顧客の利益を考えて「献身的な」努力をしてくれるかもしれない。

献身的という言葉には自己犠牲という意味が含まれているが、そこには自ずから限度がある。弁護士でも最終的には自分の利益を確保する必要があるという意味では「自分ファースト」である。腹が減ったら、早く会ってほしいという顧客の願いよりも、自分の食事を優先するかもしれない。相手側の弁護士と話し合うときでも、自分の顧客の利を一〇〇パーセント狙うよりも、自分の弁護士界の中における地位や評判を考慮して、主張の手を緩めるかもしれない。

中には、仕事をして人の役に立ってから報酬をもらおうと考えるよりも、最初から金をもらったうえで仕事をして人の役に立とうとする人もいる。相手の懐具合によって仕事の仕方が異なってくる人もいる。したがって、弁護士に依頼するときは、解決するまでにどのくらいの「金」と「時間」がかかるかを明確にしてもらってからにする。

また相手が専門家だからといって、すべてを「任せっきり」にしてはいけない。「先生」と呼ぶ相手であっても、自分が「主人公」であることを忘れてはならない。顧客が求めても十分にわかりやすく説明してくれないのはプロではない。資格は持っていても、すぐに縁を切るべきエセプロである。

医師についても弁護士と同じようなことがいえる。患者第一といっても、その前に自分という人間があって最後には自分ファーストである。患者としてはそのように考えたうえで、医師の個人的事情や感情について忖度《そんたく》をする。相手の人間性を尊重し、医師に対する配慮があるとき、それは患者に対する何倍ものサービスとなって返ってくる。

逝く友への生きた金

還暦を過ぎた女性が癌《がん》の宣告を受けた。その前から身体の調子がよくないときがあったようだが、特別には精密検査などを受けていなかった。身体のあちこちに支障が生じるようになってから診てもらったら、すでに重症という結果だった。余命がどうのこうのという段階になっていたのだ。

夫とはかなり以前に死別していて、地方都市の一角で小さな洋品店を経営していた。ファッションに強い関心があったので、儲けは少なくても、ちょっとした生き甲斐にはなっていた。一人娘も自立して東京で働いていたので、表向きに見る限りでは、平穏な日々であった。

だが、頻繁に通院する身となったので、店は閉めて闘病に専念することとなった。

元気なときは人並みな生活ができたが、仕事がなくなると収入は途絶える。いくばくかの年金に頼り、なけなしの貯金を崩しながらの生活となった。兄弟や姉はいるのだが、近くにいて精神的かつ経済的に助けてくれる余裕はない人たちばかりだった。

女学校時代の友だちで比較的親しくしていた人たちが三、四人いたが、皆年に一、二回会って一緒に食事をする程度のつきあいだった。ところが、そこが昔からの友人という「よしみ」だ。病を打ち明けてからかなり頻繁に会うようになり、苦しい胸の内を聞いてくれたり励ましてくれたりするようになった。

東京の大病院に通うようになった時期がある。特に往きは通勤時間帯に重なる部分があるので、約一時間混雑する中で立っているのは、病身にとってかなりの苦痛であった。それを東京に住んでいる友人に話したら、彼女は夫にその話をしたらしい。

何回か会ったこともあるので、その夫とも多少は冗談をいい合うくらいの間柄にはなっていた。彼は金持ちではないが、特異な分野の仕事を続けていたので、金銭的にも多少の余裕があった。そこで、話を聞いた途端に、「せめてグリーン車に乗るために」といって彼女に渡すようにと妻に金の入った包みを渡した。

それを彼女は素直に受け取ったのである。病気がひどいものでなかったら固辞したはずであるが、心身ともに弱くなっていたので、人の親切を素直に受け入れて感謝することができた。片意地を張るのは、つまらぬ自尊心の表れであって、ついには人の親切な心を傷つける結果になることを悟っていたのだ。

そのうちに彼女の病状は悪化の一途を辿り、ついに入院する羽目になった。そこでこんどは、その東京の友人が見舞いに行ったとき、「これを使ってね」といって包みを渡した。新入社員の半年分の給料くらいの金額が入っていた。これも病床にあって身動きをするのも不自由になっていた彼女は、涙を流しながら受け取ったそうだ。

これは極めていい意味での「金が物言う」話である。親友の心からなる慰めの言葉は、苦しみや悲しみも紛らわせてくれるのは確かだ。しかしながら、口先だけとはいわないが、心の中にどっかと腰を下ろして慰め続けてくれる効果はない。

一方で、ある程度のまとまった金という「物」が渡されると、それは常に座右にあって慰め続けてくれる。自分のことを心から気遣ってくれているという事実の証拠ともいうべき存在になっている。それは自分が頼りにすることができる人がこの世にいることを示している。それが心から「安心」をする礎となるのだ。

単なる見舞いの言葉は「同情」でしかない。離れたところに位置していて、そこからの気持ちの発信だけだ。一方で、相手が思っていることに自分の波長を合わせて一緒になって悩んだり苦しんだりするのは、「共感」の世界である。一心同体になっているので一〇〇パーセントの信頼感が出来上がっている。

金も使い方によっては、心を伝える能力が欠けているところを補うと同時に、永続性を保証する効果がある。病床で贈った金は逝く友に対しては「生きた金」となっていたのだ。

「損切り」をして泣き寝入り

スーパーで安売りをしていたので肉料理でもつくろうと思って、つけあわせの野菜なども買ってきた。いざ料理に取り掛かろうと思ってマッシュルームの包みを開けると、かなりの粗悪品である。その旨を電話で伝えると、持ってきてくれれば取り換えるという。店は歩いて片道十分くらいのところだが、わざわざ出向くのも億劫だ。

いつもの老舗食料品店で買っていればこのような思いはしなくても済んだ。不良品がある確率は限りなくゼロに近いし、万一のときも店の人が飛んできて取り換えてくれる。悔やんでみても「後の祭り」だ。歩いて取り換えに行けば、余分の時間もかかるしエネルギーも消耗する。そこで、金銭的には損をすることになるのだが、マッシュルームを捨てようと決断した。

「安物買いの銭失い」という諺も頭の中をよぎるが、店に行って帰ってくる時間は「損」をするし、その間ずっと嫌な思いを引き摺っているのも精神衛生上は極めてよくない。そのように考えて諦めたのである。いろいろとマイナスになることが次々と付随して出てくるのを断ち切ろうとしている。家事の中における一こまであるが、一つの「大英断」でもある。

特に先行きが短く、むやみに走り回って無駄な時間を使うべきではない老人としては、健全な考え方であって論旨も明快であるといっていいのではないか。損をしたら直ちに取り返そうとするのは人の常だ。だが、目先の損得だけでなく、その損を取り返すための労苦も人生という長い観点から見れば、さらなるマイナスの結果になる。そのような予測をしたうえで、それ以上の損をしないようにする考え方である。

これは、証券取引の世界でいわれている「損切り」の手法と同じだ。すなわち、持っている株式や証券などが値下がりしているときに売って損失額を確定する。値上がりを待って持ち続けたいという気持ちはあっても、今のうちに売って「それ以上の損失」を被らないようにするのである。これまでの損を損として認めるという「思い切り」のよさが必要となってくる場面だ。

企業の事業がうまくいかなくなったときにも必要な考え方である。これまでこれだけの資金を注ぎ込み専門の人材を養成してきたといっても、現状の分析と将来の見通しを虚心坦懐《きょしんたんかい》にしてみて、可能性が低いと判断したらその事業も打ち切る。

客観的に見て下降気流に乗っているのが明らかであったら、奈落の底に落ちていかないうちに撤退するのが賢明な企業判断だ。その事業の真っ只中にいる人たちは希望的観測をする傾向にあるので、注意を要する。

相続などの個人的場面においては、どのように見ても自分に権利があると確信する場合がある。しかしながら、兄弟姉妹などの相手に強引ないしは強欲な人がいると、なかなか合意に達するのは難しい。そこで弁護士に相談すると、かなり好都合な結果が期待できるという専門的な助言を受ける。だが、相手が欲張りであったら、合意に至るのは至難の業であると心得ておいたほうがいい。

法律的には自分の言い分が正しいといっても、相手は相手でさまざまな反論をし難癖をつけてくる。そのような事態がエスカレートしてくると裁判沙汰にまで発展していく。その進展よりも年月の経つほうが早い結果になる。

権利があるということと「権利の実現」とはまったく別の話である。それは政治の場面における「国民の権利」の実現の難しさを見れば、すぐに納得できるはずだ。たとえ裁判に「勝った」としても、そこまでの年月とその間の懊悩《おうのう》は膨大なものになっている。本来は安気に楽しむべき老年期を全面的に犠牲にしている。強欲な兄や妹を持ったのが身の不運であると「大悟」して諦めることだ。ちょっと残念であるが、泣き寝入りをして老年期の一日一日を楽しんだほうがいい。

遺産についての親としての義務

相続税の基礎控除額が低くなったので、多くの人たちが税金を支払う羽目になったなどと伝えられている。

相続される遺産が問題にならない金額の人は、我関せずとばかりに平然としている。一方で、ある程度のまとまった財産が遺せると思っている人は、相続対策ということを考えている。せっかく積み重ねてきた資産であるから、そのできるだけ多くを遺族が受け取れるようにしたいと思っている。

一緒に生活をしてきた配偶者や子のことを思う気持ちは人間として自然な感情である。そこに少しでも立ちはだかろうとする国家権力に向かって対抗意識を抱くのも、当然な考え方である。

もちろん、「お上」に国民を守ろうとするシステムや動きはあるが、やはり庶民としては「税の取り立て」という点に常々抵抗を感じているからだ。

だから多くの人は、脱税は悪であることは知っているが、不法にならない範囲内において「節税」をしようと考えている。そこを狙って商人がそのビジネスチャンスを発掘し拡張しようとして乗り込んでくる。銀行などの金融業界や、建設や不動産に関連する企業群である。

特に金融業の場合は、顧客の預金などを扱っているので、部分的にであれ相手の懐具合に対するデータを持っている。そこで、かなり的確なマーケティング活動を仕掛けてくる。

それに対して情報を集める目的で対応するのはいいが、その言いなりになってはいけない。

また、不動産や建設の業界も、さまざまなテクニックを示して物件の購入や利用をすすめてくる。これも彼らのビジネスのためである。

そもそも商人は自分の利が少しでもなかったら絶対に手は出さないもの、と心得ておいたほうがいい。

したがって、いずれの場合でもバラ色の設計図を見せてくれるが、その詳細については自分自身で詳細に検討する必要がある。商人の描いている背景や基盤には常に変わるというリスクがある。税制を始めとするシステムやマーケットの需給関係などは猫の目のように変わる。

そうなって損失が生じても、相手は知らん顔をする。利益については山分けにしておいても、損失も山分けにしようという奇特な商人には出会ったことがない。下手な相続対策をするよりは、出たとこ勝負で納めるべき税金は支払えばいい、と腹を括《くく》ったほうがいいかもしれない。

税金というのは相続した金額の全額ではなく何パーセントかである。あまり期待していなかった相続人であったら、それだけでも「僥倖《ぎょうこう》」であると思うかもしれない。とはいっても、一般的には税金はできるだけ払いたくないというのが人情ではあるが。

ある女性が父親の遺産を相続して、平均的サラリーマンの年収の二倍くらいになる相続税を支払った。そのことを知り合いの弁護士に話したところ、「え、それ支払ったんですか」と驚かれたらしい。そこで、支払わないで済む方法があったのかと疑心を抱いたといっていた。相続には多くのウラがあるのだろうか。何かすっきりしない話ではある。

相続の基本の話になると、最近は遺産は残すべきかどうかという問題がある。親が刻苦勉励して貯めた金や築き上げた資産でも、それがあるために兄弟姉妹が分捕り合戦を始めてお互いに不仲となる結果になることも少なくないからだ。

だが、それは親の教育が悪かったり、子供たちに対して平等に接する姿勢を堅持してなかったりしたからだ。「親の因果が子に報う」結果になったのである。子に罪はないとして自分を責めるべきだ。といっても、そのときは自分は死んでいるので、後の祭りでしかない。

そうならないように、今からでも遅くない。きちんとした遺言書を作成したうえで、すべての相続人のみならずその配偶者などの関係者も集めて、皆の了解を得ておく。そのように承知して何らの異存はないという旨の「誓文」にもサインさせておく。そこまでしておくのが、「親思う心にまさる親心」であり、親の慈愛の表し方であろう。

葬式や墓、それに遺品は全権委任を

葬式の仕方も以前は画一的だった。大勢の参列者があると故人も多くの人たちに慕われていたとか実力のある人だったとかいって、遺族の心も多少は慰められる結果になっていた。もちろん、弔問客の数が少ないと寂しさも一層つのってきていた。

本当は死を心から悼んでくれる人たちだけが集まって、しめやかに故人を偲ぶほうが心も安まるはずだ。だが、ここでも遺族のちょっとした見栄のような心理が垣間見られる場となっていた。

もちろん、そのようなオーソドックスな葬儀も依然として行われているが、最近は簡素化の傾向が著しい。しかしながら、有名人や大物の場合は、葬儀自体は「近親者のみで終えました」といって、後日大々的に「お別れの会」などを開くのが通例になっている。お別れの会となると、大きな宴会場などで客も平服を着て出席するので、「悲しみの場」としての色彩が薄くなってくる。談笑をする人たちも多く見掛けるので「しめやかさ」が感じられない。

やはり、人間一人が死という一世一代の大悲劇に遭ったのであるから、それなりの悲しい思いを「共有」する場にする必要があるだろう。

また、人づきあいもあまりなくなった人の場合には、限られた近親者のみが集まってする家族葬が一般的となっているようだ。悲しみの度合いの強い人たちだけの集まりであるので、精神的にもまとまったものになる。

だが、これに声を掛けてもらえなかった人たちと遺族との縁が切れる可能性もある。したがって、その点に関する何らかの手立てが必要となるかもしれない。

自分自身の葬儀については、家族に自分の希望はいっておくとしても、最後には遺族となった家族に任せる。皆には表向き「故人の遺志により」といって、実際には自分たちの好きなスタイルの葬儀をしていいと全権委任をしておく。そのときにはもはや自分の力は及ばない状態になっているので、当たり前である。

遺骨の処理についても、さまざまな方式が話題になっている。正統派の墓に入れる方式から、樹木葬や散骨まである。散骨は海などの自然に対するものから宇宙空間までと多岐にわたっている。さらに遺灰をジュエリーの中に入れてアクセサリーとして身につける人たちまでもいる。これについても、自分の希望は単に述べるに留めて遺族に任せる。自分亡き後は遺族が主人公であることを忘れてはならない。

墓については、先祖代々の墓に納骨するのが慣例であった。長男でない者は自分の墓を建てなくてはならないし、女性は嫁ぎ先の家の墓に入っていた。

だが、最近は自分の墓などはいらないという人たちも多くなっている。「後は野となれ山となれ」とばかりに、散骨をしてそれで一巻の終わりにするという考え方である。本人がいいといえばそれでいいであろう。

また、夫と同じ墓に入りたくないという女性が増えてきた、という話も聞く。それは一つの立派な主張である。途中で何度も離婚したいと思ったが「定年離婚」までもしないで我慢してきた。せめて死後くらいは独りで自分勝手にしたいというのは、もっともな願いである。

カトリック教会で結婚式を挙げた人は、神父に「死が二人を別《わか》つまで」といわれている。それは死によって二人が別れるという意味にもなる。また、恋愛中や新婚中は「一生添い遂げます」などと誓っていたかもしれない。だが一方が死んだら「一生」という期間が過ぎ去っているのだ。一緒にいる必要はないというのは当然の考え方といってもいい。

遺品については、本人にとっては大切なものであっても、その多くはほかの人にとってはゴミでしかない。辛うじて配偶者や子が思い出の品として大切にするくらいである。物が溢れている昨今にあっては、形見分けの風習もかなり廃《すた》れてきたかの感がある。そこで、親戚の中に自分の持ち物を欲しがっている人がいたら、自分が死んで「遺品」にならないうちに生前贈与をしておいたらどうだろうか。

4章

一流の健康法

「面倒」を「運動」に転換する

若いときはいろいろと好きなスポーツをしていたり、仕事や私生活の場でも文字どおり走り回ったりしていた。だが年を取ると活動範囲が狭まってくることもあって、身体を動かす機会が少なくなってくる。

そこで、運動不足という問題が持ち上がってくる。それは健康維持のためには必須の課題であり、運動の必要性については誰でも認めざるをえない。

歩くのが身体にいいというのは自明の理であるから、毎日何歩ないしは一定の時間歩こうとする人もいる。幸いなことに時間はたっぷりあるので、その意志さえ強ければそれを実行することも可能だ。そうかといっても、面白くないのでつい億劫になって長続きしない人もいる。そこで、スポーツクラブに入会して、水泳をしたりさまざまなマシンを使ったトレーニングをしたりする場合もある。それにも飽きて結局は止める人も少なくない。

いずれにしても、どうしてもしなくてはいけないという必要性もないし、したがって義務感もないので長続きしないのである。そこで、どうしても自分がしなくてはならないことを「運動」へと結びつけていくように考えたほうがいいことに気づく。

そのような考え方の下に私が実行していることがいくつかある。私は昔から車は持っていないので、移動する際は、まずは地下鉄や電車などの公共交通機関を利用する。そうするときの利点はかなりの距離を歩く結果になることである。自宅から駅、駅から目的地までと歩く。

また、駅の中でもエレベーターやエスカレーターはできるだけ使わないようにする。電車の中でも、できるだけ座らないようにする。走行するときの車輛の揺れに対して身体のバランスを保つように努める。

ただ八十歳を超えたころから、下りの階段を歩いていくのは転んで大怪我をする危険性が高いので、エスカレーターを利用するようにしている。だが、エスカレーターも上りはあっても下りがない駅が多く、その場合は仕方なく、安全を期するために手摺に摑まりながらゆっくりと一歩一歩踏みしめながら下りている。

かなりの神経を周囲に使って歩くので、身体的能力の維持にも大いに役立っているはずだ。

また、家庭内においても、小さな作業とはいえ、運動になることを励行している。まずは皿洗いなどの家事だ。食材の選別に始まり献立から料理に至るまで、我が家のシェフはかなりの努力の下に作業をしている。その努力に少しでも報いるためにと皿洗いなどの後片づけは私の役目にしている。

さらに小さなことだが、毎日の洗濯物を干すのも私がする。下に置いてある衣類などを一つずつ取り上げて干していくのだ。靴下なども片方ずつ持ち上げて上に吊るしていく。屈伸運動の量を増やしていくためである。もちろん、ゴミを出すのに人の手を煩わせることはない。

また妻の買い物にはできるだけ「随行」する。食料や衣料のマーケットの実情を垣間見る結果にもなるので、極めて有益な「社会見学」である。夫婦のコミュニケーションを図るためにも極めて有効な手段となっている。

さらに、仕事部屋の机の上にお茶などを置いておくことはない。飲みたくなったら、その都度キッチンまで歩いていって飲んでくる。机の上で茶碗を引っ繰り返して、書類などを水浸しにして大騒ぎをする心配もない。

仕事の世界にいたときは、効率第一主義を信奉していたので、作業をまとめてしたり関連づけてしたりしていた。だが、日々の個人的な生活が中心になった老年期にあっては、一つひとつの作業を自然なかたちで一つずつ片づけていく考え方に変えていくべきであろう。それは、その作業の過程に身を入れて、そのこと自体を楽しむ姿勢にも通じる。

一つひとつの作業に対する運動量は極めて小さいが、「ちりも積もれば山となる」。

小さなことを一つずつするのは面倒だと思ったら、せっかくの運動の「種」をなくしてしまう。「面倒」を「運動」に転換するのが老人の知恵であろう。

「弱き者、汝の名は老人なり」

高齢になると筋力や精神力が衰えてくる。海外の考え方に発して、この状態を「フレイル」という言葉で表現し始めてきた。英語ではフレイルティーといわれているが、それを日本語に訳して単に「虚弱」などといったのでは、人々の注目は引かない。英語の名詞のフレイルティーをそのまま使ったのでは少し長いので、形容詞のフレイルを使うことにしたのであろうと思われる。

私たちの年代の者にとっては、この名詞には懐かしい響きがある。シェークスピアの『ハムレット』の中に出てくる有名な言葉であるからだ。夫の死後にその弟と結婚した母の弱さを嘆いて、「フレイルティー・ザイ・ネーム・イズ・ウーマン（弱き者、汝の名は女なり）」というハムレットの台詞を思い出す人は多いはずである。

　ここでは女性の心の移り気的な脆《もろ》さに視点がおかれているが、とにかく「女性は弱い」というメッセージが明確だったので、昔は何かの拍子によく引用されていた。現在は、そのような考え方は頭から全面的に払拭しておかないと、問題になる。というよりも世迷い言として一笑に付されるだけになっている。

　少なくとも私にとってはこのような思い出に関連している「フレイル」という言葉が、弱くなった老人への対策を考えるときの動きの中で使われるようになったのだ。「介護がそのうちに必要となってくるような状態」という中間的な位置を表しているようである。

　握力が低下したり歩くスピードも遅くなったりと運動機能が衰えてくるとか、人間関係の場へ積極的に参加する意欲がなくなるとかの状態になっているときを、フレイルとして捉える。そのうえで、どのような対策を講じるべきかを考えていくのである。

その内容は食事をきちんとしたり、日々運動を心掛けたり、社会的な場に前向きに参加したりという、極めて常識的なことばかりである。ただ、年を取るとすべてのことが面倒くさくなり非活動的になる傾向がある。したがって、さまざまなポイントを指摘して、一つずつ励行する重要性を喚起しようとする。

誰でもそうであるが、普通の生活をしている者は「自分は大丈夫」と考えるものだ。だが、「普通」というのは、自分自身の尺度で考えているので、客観的に見れば必ずしも普通のカテゴリーに入らないことも少なくない。そこで、フレイルに対する定義などが示されたときは、謙虚な姿勢でポイントの一つひとつについて該当するかどうかをチェックしていく。

自分では「まだまだ」と思っていても、それは単なる希望的観測に従った判断であるかもしれない。客観的に見ると「間もなく」であって、すでに片足を突っ込んでいる状態になっている可能性もある。ほかの人から見れば「すぐに」であったり「すでに」であるかもしれないのだ。

いずれにしても、老年期についてはほかの人たちの例は見たり聞いたりしていたが、自分自身については初めての経験である。したがって、経験もなければ知識も中途半端なものでしかない。それに、自分自身が弱くなっているのは知っているが、「徐々に」そうなっているので、正確な観察をしたり考察をしたりする結果にはなっていない。

ちょっとした友人や知人に「いつも若々しくていらっしゃる」とか「お元気そうで」とかいわれても、喜んで調子に乗ってはいけない。相手は自分が老人であることを知っているからこそ「若々しい」などとお世辞をいってくれるのだ。実際に元気そうに見えても、それは人前にいて張り切っているのでそう見えるだけだ。

自分の近くにいる家族たちの率直な観察や意見に対しては、虚心坦懐にかつ真摯《しんし》に耳を傾ける。そのうえで、自身の心身にわたる健康状態をベストに保っていく心掛けを忘れてはいけない。

都会の真っ只中で暮らす

大都会で働いている人たちは田舎に憧れる。文明が最大限にと思われるほどに発達している環境の中で、日々走り回ったり頭を働かせたりしているので、心身ともに疲れ切っている。田舎に行けば自然が多く残っていて、それだけにのんびりした雰囲気の中に身をおくことができるであろうと考えるからである。

だが、遠くから見るので、そのいいところだけが目につくという心理があることを忘れてはならない。「隣の芝生は青く見える」のだ。したがって、仕事の世界から離れるようになったときに田舎で生活しようなどと考えているのなら、よくよく調べたりチェックしたりしたうえで決断をする必要がある。

まず、忙しく立ち働いているからこそ、周囲が緩やかに動いていると思われる田舎に魅力を感じるのだ。働かなくなったり、働いていても時どきないしはちょっとだけであったりするようになれば、いわばひまを持て余すような日々になるかもしれない。そうなると退屈を感じることが多くなるだろう。

ビジネスの社会にいた人は、知らず知らずのうちに「働き蜂」になっている。すなわち、多かれ少なかれワーカホリックになっているのだ。仕事を辞めても、その習性はすぐにはなくならない。何か積極的なことをしていないと気がすまないと思う人が大多数ではないか。

田舎に住むようになれば、すべてが緩やかに流れていく、新しい環境に慣れていくことができるか、というよりも「耐える」ことができるかどうかをよく考えてみるべきだ。

それに、田舎社会に特有な近所づきあいについても、あらかじめ知っておく必要がある。大都会におけるように「隣は何をする人ぞ」というくらいで無関心に近い姿勢を取っていくのは難しい。ゲマインシャフトの極めて色濃い社会であって、そのルールに従わないと村八分にされる運命であることも覚悟をしておいたほうがいい。

いろいろなリスクについては、前以て十二分に研究しておかなくてはならない。ただ単に田舎を訪れるのではなく、試験的に一定の期間「住んでみる」くらいの慎重さが必要だ。さもないと、移住を後悔することにもなりかねないからだ。

そのように考えていくと、今まで都会で暮らしてきた人なら、住み慣れた都会のほうが「気楽に」暮らせるのではないか。一度身につけた習性を変えるときは、それまでに経験したことのない、新しい種類のストレスに見舞われる危険性がある。一方で、生活の仕方が異なったものになると、これまでは嫌だと思っていたことに対して抵抗感もなくなる場合がある。さらには、興味の対象になることさえある。

老人の世界は放置しておくと静かなものになりがちだ。したがって、活性化を図っていかないと、さらに「老化」が進んでいく可能性が高い。そこで効果的なのは刺激を与えることである。都会には刺激が溢れている。それも大都会であれば、その度合いはさらに増大していく。各種の活動がさまざまなかたちで人々を待ち構えている。

肉体的かつ精神的な健康を保つために、このような刺激を利用しない手はない。町中であれ建物の中であれ、人々が大勢「うごめいている感」でそれぞれに活動している。そのような情景を眺めながら、どのような欲がモチベーションとなって、そのように人々が動き回っているのかを考えただけで、自分の精神の活性化になる。また、雑踏の中にある歩道を無法にも走り回る自転車を避けるだけでも、かなりの肉体的な機敏性を養う訓練になる。

これまではストレスの原因となっていたことを、これからは心身を鍛えるための手段にしたり、「老後の楽しみの種」にしたりすることができる。そのような大都会の環境を十分に利用すれば老け込むひまなどなくなる。

頭を鍛えるための読み書きそろばん

昔は「読み書きそろばん」といって、本を読み文章を書きそろばんで計算することが学習の基本だとされていた。

現在でも、それらは勉強をする際の出発点であり土台になることについて変わりはない。だが、昔のようにはっきりとピンポイントをしたかたちで表現はしてはいないようだ。

昔の教育方針はこのようにわかりやすく「標語」にして推し進めていたので、皆の心の中に明確な方向性が植えつけられていた。

さて、年を取ってきたときは、この原点に立ち返って実践する必要性が高まっている。

またぞろ勉強をするなどは真っ平だという人がいるかもしれない。だが、これは勉強のためだけではない。それよりも、特に頭の「健康」を保つための方策としてである。

長く使わないままに放置しておくと錆びてくるのは機械類だけではない。人間の頭についても同じことがいえる。

年を取ると頭を働かせるのも億劫になる。そのままずるずると怠けていたら、最後には「思考停止」に近い状態になっていく。

したがって、まずは読む努力だ。日々のニュースについても、「新聞は余分に金もかかるし一々読むのに疲れるから、もっぱらテレビやインターネットを見ている」という人もいる。

だが、テレビでは見て聞くのに忙しくて、そこで報道される事実や説明について、自分で考えてみるひまがない。テレビのペースに従って次々と情報を与え続けられるからだ。

その点に関しては、新聞であれば、自分が賛同したり疑問を感じたりしたときも、読むのを中断して「考え」を巡らすことができる。そこでは思考力や想像力を働かせる機会があるのだ。読むという行為が頭を鍛え、錆びないで十分に機能する持続力を与える結果になっている。

次は「書く」ことについてだ。この習慣も一般的には廃れつつある。

パソコンやスマホなどの普及によって、簡単な操作で文章を「書く」ことができる。キーを押すだけで自動的に漢字も出てくれば送り仮名もきちんとしたかたちになっている。漢字を思い出したり送り仮名について考えたりしなくていい。当然のことながら、一々辞書を引く必要もないのだ。

文明の利器によって人々の生活が便利になるのはいいのだが、「便利」の陰には常にマイナスの副作用があることも知っておかなくてはならない。

皮肉な言い方になるが、「便利は人をバカにする」ので、便利といわれてすぐには飛びつかないことだ。

普段はメールで連絡を取り合う友人たちとも、たまには手紙を書いてみたらどうか。

終戦の年、私は当時国民学校といわれていた小学校の五年生だった。そのときに担任であった女の先生とは、今でもクラスぐるみの交流がある。私の本が刊行される度に、「元気で仕事もしています」という意味を込めて贈呈している。その都度お礼と感想を記した手紙が送られてくる。九十歳の先生だが、立派な和紙に流麗な筆遣いで水茎の跡も鮮やかに書かれたものだ。

私にとっては大いに励みとなると同時に大切に保存しておく宝のような手紙にもなっている。

執筆活動のときの私は、すべて原稿用紙に手書きである。シャープペンシルで書くのだが、間違えたり書き直したりするときは、すべて消しゴムで消してから手直しをする。

面倒ではあるが、直しのないようにと考えながら書くので、頭の訓練には極めて効果的だ。

最後の「そろばん」であるが、普段から買い物をするときなどに人任せではなく、自分自身で暗算をしチェックする習慣をつけておく。損得が絡まっているので、多少は本気で計算をしてみる気にはなるはずだ。

私自身も自分の小さな会社の経理作業などはすべて自分だけでしている。大きな数字になることはないので、加減乗除などすべてはそろばんを使ってする。頭だけではなく手先も使うので、ある程度は老化防止に役立っているはずだ。

朝と晩に体重計に乗る

この世を常に厭世《えんせい》的に見ている人を除いては、誰でも長生きしたいと思っている。もっとも、人生が嫌だと思っている人も、現時点では何もいいことがないので悲観しているだけで、毎日の生活が好転したら、やはり長生きを望むはずだ。生存本能は誰にでも備わっているからである。

医学の進歩のお陰で、人間の寿命は日進月歩の勢いで延びている。ちょっと前までは不治の病といわれた病気も、いつの間にか先端的な治療法が発明・発見されたことによって、絶望的なものではなくなる。悪い病気に罹ったからといっても、必ずしも悲観のどん底に陥る必要はない。何とか頑張って生き延びていたら、突如として新薬や新治療法が生まれる可能性がある。

まだ保険の適用がない先進医療でも、治療費が自己負担で金はかかるが「命が買える」と考えれば、受けてみる価値はある。

また、「治験」の段階であっても、一見したところ万事休すという末期的段階にあるときは、試してみる価値はあるだろう。文字どおり治療の臨床試験であるから、モルモットになるようなものだ。だが、ほかに手段がないときは、一か八かやってみてもいいのではないか。

私も五年以上前になるが前立腺癌となり先進医療の重粒子線治療を受けた。前準備の検査などはあったが、治療には約一ヵ月にわたって通院しただけだ。痛くも痒くもなく、医学の進歩に対して大いに敬意を表し感謝したものだ。その後の経過もよくて、一応は何らの問題もないらしい。

ほかに心房細動という持病はあるが、これは毎日抗凝固薬を飲むことによって、その病気による生命のリスクを避けている。そのようにして「健康長寿」を願いながら毎日を生きている。

家にいることが多くなってからは、家で食事をすることが主となり、我が家のシェフの管理の下に良質の食事をしている。私は若いころレストランなどで「嫌いな食べ物はありますか」と聞かれると、「はい、あります。おいしくないものです」と冗談をいっていた。種類による好き嫌いはまったくないので、今でも肉、魚、野菜などから麺類までと何でも食卓に出されると喜んで食べる。

時どきメディアなどで、何はよくて何はよくないなどという論評をしているのを見たり聞いたりするが、そのようなことはあまり気にしない。何でも食べすぎてはよくないが、適度の量であったら問題はないと思っている。

アルコール類については、若いときの大酒飲みも卒業して、現在は晩酌や「昼酌」を楽しむ好々爺《こうこうや》になっている。ポリフェノールが多い赤ワインがいいという説が出てきてからは、それを信じ続けている。

酒についてだけでなく、善し悪しに諸説があるときは、自分に有利な説に従うのがいい。「信心」をすれば価値があると思って有り難がり、ポジティブに生きていくことができるからである。

老人に対しては、住んでいる地域が健康診断を定期的にしてくれる。これは受診してその検査の結果は医者任せにしないで自分自身でも詳細にチェックしておく。さらに、日々の生活の中で「ちょっとでもいつもと変わったこと」が起こったら、すぐに医師に診てもらう。ちょっと歯茎から血が出たとか頭が重いとかでも軽視しない。

また、家族に目が腫れているとか歩き方がおかしいとかいわれたときも同様だ。家族は掛かりつけの医師以上の、真の「ファミリードクター」であることを忘れてはならない。自分の健康を気遣っているのは、自分自身よりも家族であるからだ。

また、極めて平凡なことであるが、素人目にもわかりやすい健康のバロメーターは体重である。朝晩シャワーを浴び風呂に入る度に体重計に乗るのを習慣づける。そのデータを家族と共有することも重要だ。

記憶力が悪くなるのも悪くない

年を取るに従って、徐々に記憶力が悪くなってくる。人の名前が思い出せなくなったり漢字を忘れたりする場合が多くなる。人の顔は脳裏に浮かんでくるのだが、その人を特定するための名前が瞬間的にであれ浮かんでこない。そこで、人と話をするときは、「あの彼」とか「あの野球が上手だった人」とかしかいえない。いかに言葉というのが重要な事実や考え方を伝達するときに有用であるかを、今さらのように悟るときだ。

そのような物忘れの進行のスピードは人によって異なるようだ。それは頭がよかったとか悪かったとかにもあまり関係しない。また、生活の習慣がきちんと確立されていれば、物忘れぐらいでは日々の生活に対して格段の支障を来すこともない。

人とコミュニケーションをするときに、不便になってくるだけだ。

ここで「だけだ」といったが、コミュニケーションは生きていくうえで重要度の高い手段であるから、人によっては笑い話では済まされない。また、医学的にも、思い出せないからといって諦めて放置しておくよりも、思い出そうと努力をしたほうがいいなどといわれている。そこで、その言葉や名前に関連するヒントらしきものを考え出して、記憶の復活へと迫っていく努力をする。

人の名前であれば、家族の助けを借りたり、連想ゲームよろしく関係すると思われることを次々つなげていったりして、記憶を呼び戻す努力をする。

それが成功するときもあれば、ある日突如としてパッと思い出すこともある。ただ、その物忘れという現象も、場合によっては認知症という病気の初期症状であるといわれているので注意を要する。

この記憶力の衰えは年を取るに従って進んでいくが、一般的には仕方がないことであるから、気に病まない、すなわち「忘れる」ことだ。そもそも、忘れるという機能が備わっているために、人間は積極的に生きていくことができる部分がある。親しい人の死に直面すると一気に悲しみのどん底に陥っても、月日の経過とともに少しずつ忘れていく。自分自身の精神も「再生」へと向かっていくのである。

嫌なことがあったら忘れようと努め、それに成功する人は、世渡りの上手な人である。場合によっては利己的であるというそしりは免れないが、人に迷惑を掛けない限りは見習うべき習慣だ。

現代人は皆ストレスに悩まされている、といわれている。精神的な「圧力」がさまざまなかたちで押し寄せている。それを受け止めるからいけない。その圧力というマイナス要因を覚えていて「温め続け」ている。その温め方がネガティブだからだ。

過去に起こったことは厳然たる事実であって、なかったことにはできない。それがわかっているにもかかわらず、くよくよと考えて「自主的に」自分の心を悩ませているのだ。不本意なことでも過去のことについては「仕方がない」とか「まあいいか」とか無理矢理に「軽視」したり忘れたりすればいい。

将来のことについても、自分の力で何とかなるという自信があればいいが、自分の力が及ばないと判断したら、きっぱりと諦める。諦めることは忘れることだ。そうすれば、自分にとって「圧力」であると思っていたことも「ストレス」にまで発展していくことはない。

記憶力が悪くなったのは忘れる力が強くなったということではないか。まさに「禍《わざわい》転じて福となす」のである。自分に都合の悪いことはすぐ忘れると非難されるかもしれないが、それも忘れてストレスにならないようにする。年を取ったら年寄りらしく振る舞ってみる。

物事をあまり気にしないで気楽に構えている「極楽とんぼ」の生き方を真似てみたらどうだろうか。第一、細かいことについてとやかく考えるのは、老人としては精神衛生上もよくないし似つかわしくない。

5章

一流の暮らし方

芸術鑑賞では作品との共感を目指す

私が住んでいるマンションの裏には、国立の美術館の一つがある。もっとも、美術館側からいわせれば、さらに一般常識から見ても、美術館の裏に私たちが住んでいるといったほうが正しいのだろうが。いずれにしても、我が家から窓の外を見ると、裏側からであるとはいえ、訪れる人たちの流れを見ることができる。

大々的に宣伝されている特別展があるときは、開館前から入場を待つ人たちが列をつくっているのが見える。中に入っていけば、その雑踏の波はさらに凝縮されたものになっていくはずだ。私もほかの場所の美術館に行ったときに経験したことがあるが、ほとんど満員電車の中にいるのと同じような感じを受けた。

絵画など展示作品の一つひとつの前に人だかりができているのならまだしも、全体にわたって作品群に向かって十重二十重とまではいかないが、少なくとも「三重四重」の人垣が築かれていた。その垣の中に入っていかなかったら、一瞬の間に一つの作品の極く僅かな一部も垣間見ることができないのだ。

人の流れの中に身を委ね辛抱強く待っていて、運よく作品の前に立つことができても、そこでゆっくり鑑賞するひまなどない。ちょっとでも長く立ち止まった気配があると、周囲の人たちから白い目で見られるのは必定だ。

したがって、結局は「行った、ちらりと見た」という経験をしたことにしかならない。友人たちに会って、「今評判の展覧会に行ってきた」ことを話題にするだけになる。「どうだった」と聞かれても、正直な人であったら「すごく混んでいた」という返事になるだろう。

このような環境や心理状態にあっては、芸術作品を味わって理解することは不可能である。高尚な芸術にちょっとではあれ「接してみた」という自己満足になったにすぎない。

「老い先」はこれまでの人生に比べれば確実に短いのだから、そこであまり実がなくて皮相的なことに時間を費やすのは賢明とはいえない。

同じ芸術鑑賞をするのであったら、薄っぺらな知識と経験を手に入れようとしないで、もっと実になり感動が身に染みてくるようなことを目指すべきではないか。美術館の入場者数を狙った商業主義の餌食になってはいけない。

非常に有名でなくても、芸術一筋に身を投じた芸術家の作品は、心静かに味わってみれば限りない味わいが湧き出してくる。有名な作品は皆が見るので、自分も見なくては遅れを取るという考え方も理解できる。当然、仕事の世界や社会における事柄については、ある程度常識として知っておかないと困ることもある。

だが、芸術の世界については、画一的な考え方をする必要性はまったくない。自分の好みだけに従って味わったり楽しんだりしていい。そのほうが秘めたる、自分自身の独自性になって、自分のアイデンティティーの主張にも役立つ。

田舎の行楽地にも多くの美術館があり、もちろん有名な作品を収蔵しているところも多い。そこでの週日は閑散とした雰囲気があり、ゆっくりと心を落ち着けて作品を鑑賞することが可能だ。

気になったり気に入ったりした作品に出会ったら、そこで立ち止まってコミュニケーションを図ってみる。作品が語り掛けてくるものがあれば、さらに真剣勝負をするくらいの気構えで自分からも働き掛けるのだ。

大勢の「見物人」がいたのでは、作品のほうも真剣に語り掛けてはこない。一対一という環境が必要なのである。そのようにして、作品と自分との空間がその両者のものだけになったとき、相互理解が進んで一体感が生じる。心の奥深くで大きな満足感が充満する結果になっている。作品と自分とが「共感」の世界をつくり上げているのだ。

花のない老年期は正に砂漠

大都会の中心部にある立派なビルの中にある企業を訪問する。ガラスの自動ドアがある入口を入っていくと、そこは受付になっている。もったいないほどの広い空間があって、その向こうに大きなテーブルがある。

そこにいる受付嬢の一人が立ち上がって、にこやかな笑顔とともに「いらっしゃいませ」と挨拶してくれる。ちょっとした緊張感と同時に親近感も覚える瞬間だ。とはいっても、全体を流れている雰囲気はビジネスという厳しい世界を予感させるものになっている。そのような場において、そのテーブルの上に小さな花が飾ってあることがある。もしかしたら、その受付嬢の誰かが個人的に持ってきて置いたような花だ。

そのような花を見ると心が和み、ほっとした思いになる。温かく人間味の豊かな心の底からの働き掛けを感じとるからだ。

その受付の横のほうに大きなテーブルが置いてあり、その上に「どっかと」いう感じできらびやかな花が立派な壺に入れられていたのでは、逆に威圧感のほうが優る。専門の業者が定期的にやってきて飾っているとしか思えないからでもある。

花を飾るときに金の力を感じさせたら、人の心に働き掛ける花の力は弱いものにしかならない。もちろん、金は必要であるが、それよりも心を込めるということのほうが重要である。格好をつけるために花を飾らなくてはという気持ちがあったら、その魂胆は心ある人にすぐ見破られる。花を見る人が心に安らぎを感じることを願っているという出発点が大切なのだ。

立派なレストランにも二通りある。きれいな内装のデザインを誇らんばかりにし、そのうえに調度品などにも凝っている。食事の内容もしっかりしていて、それなりに正統派の味付けになっている。客の扱いも丁重なのであるが、ちょっと何か物足りない。ウエーターが寄ってこないときは、自分たち客だけの世界になって話に興じたりするのでいいのだが、ちょっとした寂しさがある。テーブルの上に無機質なものしかないからであるかもしれない。何か足りない。そうだ、花がないのだ。

一方、行楽地などにある歴史的建造物となっているホテルのレストランに行くと、ほっとするところがある。純白のテーブルクロスを掛けたテーブルの上に、シンプルで小さな花瓶にかわいらしい花が入れてあるのだ。ホテルの広大な庭の中にある温室で栽培している花が、摘まれたばかりの新鮮さを見せ控え目な風情で客に微笑み掛けている。

小さくて押し付けがましくないところが愛らしい。摘まれたばかりであるから、まだ人間と同じ「生物」のカテゴリーに属する。「こんにちは、ご同胞」とでも話し掛けてきているかの感もある。ゆったりと落ち着いた気分にしてくれるのも当然である。

客に向かって恥ずかしそうに話し掛けてくるような花に出会うと、心から歓迎されていると感じる。

そのような花の存在に気づかなかったり、その花の呼び掛けが聞こえなかったりするときは、自分の心に余裕がないときだ。花のささやきに対しても無関心になっているのであるから、心の病という現代病に罹《かか》っている可能性もある。

老年期に入っても、花とつきあえなかったり花のよさがわからなかったりしたら、今の生き方を反省してみる。人生を歩むペースをスローにして、ちょっとのことで手に入る心の豊かさを身につけ、楽しむ努力をする必要がある。

花には何か得をしようと思うような私心や下心はない。人に会えば献身的に尽くそうとする。そのような「生き物」は、いつでもどこでもちょっと手を出せば手に入る。

花とのつきあいを広げたり深めたりしないのは、どのように考えてももったいない限りである。すぐ近くにある宝を「持ち腐れ」にするなどは愚の骨頂というほかない。

老人は「一転び一巻の終わり」

失敗を恐れていては何もできなくなる。「失敗は成功のもと」であるといって、勇気を持って何事に対しても挑戦する必要があるとされている。未知の世界に一歩踏み出そうとするときは、確かにどんな障害が待ち構えているかわからないのでためらうが、それではいつまで経っても進歩は望めない。

特に最近のビジネスの世界では、新しいことに対して積極的に立ち向かわせるために、「失敗をしない人は何もしていない人だ」などとする論調さえある。士気を鼓舞して新しい分野を開拓させたりしようとしている。もちろん、企業などの組織の中では、多少の失敗の結果で損失が生じても吸収することができる。失敗するよりも成功する率が高かったり、小さな失敗であればいくつ犯しても大きな成果を一つ収めたりすれば、優秀な社員として讃えられる。

だが、個人の場合はそのような訳にはいかない。失敗の度合いがすぎているときは、なかなか簡単には立ち直れない。失敗を恐れるなといっても、慎重に人生を渡っていく人は、常に前後左右に四方八方にと周囲を隈なく見ながら安全運転を心掛けていく。

私たちが小さいときに教えられたのは、断行をするにしても熟慮をしたうえにするようにという姿勢だった。ところが最近は、頭から「試行錯誤」を推奨する風潮さえ見られる。この言葉は英語の「トライアル・アンド・エラー」の訳語である。いろいろな方法を試してみて間違ったら、その理由を研究したうえで正しい結果を出すという手法だ。元々は立ち向かおうとしている課題が非常に難しいときに使うという前提条件がある。

したがって、何でもかんでも、たとえ簡単なことであっても、やみくもに使ってみるというのは間違いだ。それでは最初からエラーなのである。自分の経験や知識を駆使して一所懸命に考えてもわからないときにのみ、利用するのが正しい使用法だ。とにかく、よくも考えようとしないで、最初から試行錯誤の方式を使うのは思慮が浅すぎる。

また、「七転び八起き」という言葉もある。これは何度失敗しても、くじけないで努力を続けていくことである。そこで失敗を前提としていない分だけ真面目な考え方であるといえる。苦難にも負けないで自分の意志を貫こうとする「不屈の精神」が見られるので、立派な心構えというニュアンスが感じられる。

さて、老人は配偶者がいたり成人とはいえ子がいたりすれば、生活の場においては個人というよりも個人商店である。ほかの家族に対する責任もある。となれば、何かをするときに試行錯誤などといった悠長なことをしている余裕はない。失敗したり間違ったりしたら、周囲の人たちに多大なる迷惑を掛ける危険性があるからだ。

社会の小さな分野であれコミュニティーの一部であれ、その中ではそれなりに「功成り名遂げて」いるので、その実績や名誉も傷つけるわけにはいかない。もう先行きは短いので、すべて慎重にも慎重を重ねる。もはや失敗は許されないのである。

「七転び八起き」の考え方は、もう老人には適用できない。身体も弱ってきているので、あちこちに欠陥も生じている。

特に「転ばないように」というのは、老人が金科玉条として「死守」すべき心掛けである。転んで怪我をしたら歩けなくなる。歩けなくなったら行動範囲が狭くなり、独りでの行動もできなくなる。すると、精神的にも弱くなり、心身の虚弱化が一気に進む。そのような例を私の周囲でも数多く見てきた。

転んだら、もう復活はできない例が大多数なのだ。「七転び」など、とんでもない。一回転んだだけですべての機能がゼロに近づいていく、と考えておいたほうがいい。「一転び一巻の終わり」なのである。老人としては、その深い経験とそこで培った知恵を生かして、鋭い洞察力と先見の明を駆使したうえで、慎重に一歩一歩を踏み締めていくべきだ。

部屋は物置ではない

もう二昔も三昔も前の話であるが、ある老婦人が、娘夫婦の家から廊下続きの別棟に独りで住んでいた。

いつも着物をきちんと着て身ぎれいにしていた。部屋の中も整理整頓が行き届いていて、畳の上にはゴミの一つも落ちていない。板の廊下も文字どおり磨き上げられた清潔さがにおわんばかりであった。

居間にはその片隅に年代物らしい小振りの茶簞笥が一つ置いてあり、真ん中には茶簞笥と同じような色調の座卓がある。座布団は部屋の片隅にいくつか置いてあって、客が来たときにすぐ出せるようになっていた。

不必要なものは一つも置いていないので、実にすっきりと見るからに気持ちのいい部屋になっていた。その人がいなくても、清楚な生き方と素直な人柄が想像できるような雰囲気なのである。普段独りのときは座ってお茶を楽しんでいる様子を思い浮かべることもできる。

まさに、日本的でシンプルなインテリアになっていた。招かれて何回か訪ねたことがあるが、実に快適な思いをした。邪魔物がまったくないので、お互いの目を見ながら話をするのも心置きなくできる。飾り物などがないので、物理的にも「静か」で清潔感が溢れていた。

欧米の家に行くと、所狭しとばかりに家具が置いてある部屋に遭遇する。棚の中やテーブルの上には、収集した各種の装飾品や容器類なども飾ってある。

こうなると、ミニ美術館の様相を呈してくる。それらの収集品をその家の主が独り悦に入って眺めているのであろうと想像すると、ちょっと寂しい感じさえする。それに、こちらの下司の勘繰りかもしれないが、人に見せびらかして富をひけらかしているようにも見える。

居間はリビングルーム、すなわち生活をする部屋なのである。生きている人間が利用する場所だ。洋風の部屋であれば、そのために必要な家具はなくてはならない。ソファーや椅子、それに最小限に必要なテーブルなどだ。

さらに、知識や知恵に対して価値を感じている人にとっては、ちょっとした本箱も必要かもしれない。常に知的刺激を受け知的活動を鼓舞するためである。

訪れた人としても、本箱や本棚に入れてある本を見ると、その住人の知的背景と知に対する姿勢がわかる。すぐに話の種やそのヒントにもなるので、その場の雰囲気を高尚にする効果もある。そのような観点に立てば、本箱は必要不可欠とまではいえないにしても、かなり必要性の高い家具だということができる。

若いときは「がらくた」が置いてある部屋でも、それらが好きなものであったら、それなりに心の支えになったり向上心を刺激する結果になったりしていたかもしれない。だが老年期に入ってきたら、周囲の環境をすっきりさせたほうが安気になるはずだ。

長い間利用していなかった家具や今や関心のなくなった飾り物については、思い切って捨てる。それらがなくなった分だけ部屋の中は広くなってくる。頭の中まですっきりして、気軽に歩き回ることもできる。

部屋はそれを使う自分たちのためにある。主人公は人間である。飾る物であれ何であれ、物が占拠している状態になっていたら、人と物とが「住み分け」になっているにも等しい。部屋は物置ではない。人間が座ったり歩き回ったりして活動する場である。「住」のポイントは外観の立派さでもないし、インテリアの素晴らしさでもない。その中で生活をする人が、いかに快適かつ気楽にしていることができるかが最も重要である。

住居ないしはその中にある部屋の有用性は、その中にある「空間」にある。その空間がどのくらい広くて、どのくらいの機能性を備えているかがポイントだ。

部屋の中に何か物を置くときは、それは仮の置き場であると常に考えるくらいの心構えを続けていれば、部屋が物置になることはない。

「つまらないこと」を楽しめるのは老人の特権

若いときは効果のあることを効率的に成し遂げようとして努力をしていた。常に目的を設定して目標を見定め、それに向かって一心不乱に突き進んでいった。できるだけ小さなインプットで、できるだけ大きなアウトプットを手に入れることを狙っていた。そのためには時間を有効に使う習慣になっていたので、「時間ケチ」にもなっていた。

善くも悪くも結果に重点をおいていたので、そこに到達するまでの過程を楽しむ余裕はないのが通例であった。とにかく、早く早くとか急げ急げとかいいながら自分の心に発破を掛けていた。

数多くの立派な業績を挙げて早死にした人を称賛するときに、よく「彼は懸命になって人生を走り抜けていった」などという表現をする。

だが、そのような人だけでなく、社会の片隅で働いている普通の人たちも、日々研鑽に励みながら真剣に生きている。たまには怠けることもあったが、来し方を振り返ってみれば、皆走り続けてきている。何とかして結果を出そうと頑張っていた。そこで、つまらないこと、すなわち、する価値がないと判断したことにはできるだけ手を出さないようにしていた。

同じ仕事であっても、つまらない仕事であると思ったら、早くそれをしなくてもすむような身分になろうと思っていた。いわば早く前進することのみ考えていたのだ。そのような経験も通り抜けたうえでの「今日の自分」がある。ところが、老後となれば、同じように神経を張り詰め身体を酷使する必要もないことを知るはずだ。

これからは、将来を見据えながら前進を急ぐ必要もない。自分の人生に残された時間を存分に味わってみるべきであろう。

すなわち、結果を出すよりも、人生という流れのプロセスの中に身を委ねてみる。

すると、自分の回りをゆっくりと眺めることになるだろう。

これまでは前ばかり見ようとしていたので、横や後ろ、それに上や下に目をやる余裕もなかった。立ち止まって周囲をよく見れば、意外に面白いものや心の糧となるものも見つかる。いわば、人生ないしは生活の「守備範囲」を自分で狭めていたので見えなかったものが、見えてきたのである。

決められた、というよりも自分勝手な思い込みに従って決めた道だけを歩いていたことに思い当たるはずだ。頭が凝り固まったにも等しい状態になっていたのである。フレキシブルな考え方をすると同時に、「道草」を進んで食おうとする努力もしてみる。すると、新たな素晴らしい世界が目の前に繰り広げられるかもしれない。

つまらないと思った中にも面白いものや自分にとって必要なものがある。それを自分のために活用する余裕や知恵がなかったので、見逃していたのだ。今や余裕とさらなる知恵が備わった老人としては、大いに活用する術を考えてみるべきだろう。

たとえば、これまでは興味のなかったカラオケの世界にも触れてみれば、新たな楽しみの種になるかもしれない。

どんなに「つまらないこと」だと思っても、自分がしなくてはならなかったり現実にしていたりすることであったら、間違いなく「自分の人生の一部」である。すなわち人生そのものであるから、それをないがしろにするのは「人生を捨てる」にも等しい暴挙になるのではないか。

茶道を学ぶ者が大切にしている「一期一会」の心得がある。今日の茶会は集う人、そこにある茶室から道具に至るまで、同じであることは二度とはない。一生涯に唯一の機会であるから真剣に対処するべきだという教えだ。

今日という一日は人生において今日しか存在しない日であり、この瞬間も人生において今しか存在しない瞬間である。そのように考えれば、それが「つまらない」とか「ばかばかしい」とかいえないだろう。この瞬間を軽視したら、一度しかない自分の人生の中にあってこのうえなく貴重な「今」を「ないがしろ」、すなわち無きものとするような行為である。「部分的自殺行為」といってもいい。

趣味の世界との新たなつきあい方

定年になってから何もすることがないと、家の中で腑抜けになった状態になる人もいるだろう。親しい友人もいなかったら、人と会ったり話したりする機会もない。

もちろん、配偶者と仲よく「二度目のハネムーン」の日々を楽しむ幸せ者もいる。

また、以前から続けていた趣味の世界を持っている人は、「待っていました」とばかりにその勝手知ったる世界にのめり込んでいくかもしれない。

「趣味は」と聞かれて「仕事です」と豪語していた人は当然であるが、そうでない人もワーカホリック的になっていたはずだ。そこで定年となって解放感を味わうものの、同時に少なくとも一抹の寂しさを感じる。収入源としてだけではなく、仕事が紛れもなく生き甲斐の一つになっていたことを悟る。

そこに焦点を絞って考えると、各種のボランティア活動がいいかもしれない。趣味の世界といった「遊び」の分野ではなく、「仕事」の分野に入るので、仕事の性格が強い活動となる。

だが、そこで今までの癖を出してヘゲモニー（主導権）を握ろうなどといった欲を出してはいけない。あくまでも、新入社員のように一から習おうとする神妙な姿勢に徹する。この分野の新入りで能がない自分という意識を持ち続けて、「手伝いをさせてもらう」という謙虚な気持ちを失ってはならない。

また、新たに趣味の世界に入ってみようとするときは、日本の伝統芸能がいい。昔から伝わってきたもので、日本人の文化的な感覚があちこちにちりばめられている。たとえば邦楽であれば、日本的な情緒に因習まで加わった世界を見ることができる。同じ教室の生徒に小さい子供がいたら、習い事の場としては最高だ。

習うときの姿勢や挨拶の仕方を子供と一緒になって学ぶ。自分より先に入門していたら、小さな子供でも、この道では「先輩」である。兄弟子や姉弟子として丁重な接し方をする。それは年の功を積んだ自分にとっては新鮮な雰囲気で、文字どおり「初心に帰る」機会となる。自分の心身をリフレッシュする効果がある。

さらに、習い事の場合は、忠実にいわれたとおりにする。理詰めの質問をするなどということはしない。あくまでも「習う」に徹するのだ。

そもそも「習う」というのは「倣う」、すなわち真似ることであって、「慣れる」にもつながっていく。頭だけではなく五感のすべてを駆使して無言で学びとろうとする心構えが必要だ。知の働きはできるだけ抑えて「情」の働きを追い求めていくのだ。

知を抑えるといいのは、心が落ち着くことである。先走って考える必要がないので、自分自身を自然に委ねるかの感じになる。特に世の正義や倫理が乱れがちになった昨今にあっては、ほっとした気分になって救われた思いをする。このような雰囲気を味わうだけでも伝統芸能の世界に浸ってみる価値がある。

また、すでに長年にわたって趣味の世界を追求して玄人はだしになっている人もいるだろう。それはそれで続けていけばいい。その集大成と称して、自分の経験を作品集にまとめてみたらどうだろうか。自分の頭や腕前の整理にもなるし、高尚な「自己満足」にもなるはずだ。

さらに、長年にわたって続けてきた趣味を思い切って「捨て」てみるのも面白い。その途端に客観的な目で見ることができる。これまで守ってきたかたちには満足できなくなり、それを破ってみようとする。

そのような作業をしていると、習ったかたちから徐々に離れて自分なりのかたちができてくる。自分流の「守破離」の流れである。

その流れは独り善がりのものであるかもしれないが、自分自身の世界の中では見事な発展である。たとえ世間一般には通じないようなものであっても、ワンランク上で結実した結果であるとはいえる。正統的な本流はどこかに思考停止した部分があるので、心ある人にはいい刺激になるという利点もある。

老人は死して写真を残さず

都会の中であれ田舎であれ、人がいたらその人数と同じくらいの写真を撮っている人がいる、という有様になっている。行楽地になると、その傾向は狂想曲的になり全員があたかも競争するがごとくになって、無差別に撮りまくっている。

景色の雄大さやきれいさに感嘆してうっとりと見とれているひまはない。撮影をする人の邪魔をする結果になるからである。

まさに「一億総写真家化」になっているかの感がある。もちろん、日本人だけではなく世界中の多くの人たちも、カメラやカメラ機能を持つ道具を手に入れる財力があれば、ほとんどの人が撮影という作業に夢中になっているようだ。となれば、写真家の数は十億単位になっているといっても過言ではないであろう。

もちろん、被写体はありとあらゆるものに及ぶ。珍しいものであったら当然であるが、とにかく目の前に現れるものすべてについて、その映像を残しておこうとする。だが、これほどまでに多くの写真を撮り、その「在庫」をどうしようとしているのか、と怪訝《けげん》に思わざるをえない。

後からも見て思い出したり、人に見せて自分の経験を話したりするのであろうが、そのために記録を残しておこうとしている。現に目の前にあるものと直接に「対《たい》峙《じ》」しようとしていない。

せっかくの機会であるから、自分自身で直接に見たり聞いたり嗅いだり触れたり、またものによっては味わったりするべきであろう。見るときは視覚、聞くときは聴覚、嗅ぐときは嗅覚、触れるときは触覚、味わうときは味覚にと、全神経を集中していかないと「五感が経験し記憶する」結果にはならない。

人生は「記録」するためのものではなく、「経験」するためのものである。その点に関して記録に重点をおきすぎると、本末転倒となる。一度しかない大切な人生を記録するために使うことが多くなったのでは、あまりにも「もったいない」。人生を記録係として終えるよりは、自分自身でフルに「体験」する主役として全うするほうがいいのは、自明の理であろう。

当然のことながら、人生の重大な局面については、「記念」に残しておきたいという気持ちがあるのは理解できる。だが、それとても、非常に感動的なことに関しては、わざわざ記録に残しておく必要はない。必然的に自分の心と身体が覚えている結果になっている。

そのような瞬間においては、記録を取っておく「ひま」などない。全身全霊を捧げるごとくにして、その対象と一体化しようとしているからである。

恋心が燃え上がっている最中には、お互いの心は一〇〇パーセント相手の心と一緒になろうとしている。たとえ素晴らしい自然の環境の中にあったとしても、それは単なる「背景」でしかない。

恋人同士であっても、写真を撮ろうとするときは、ある程度は自分たちを客観的に見ている余裕、すなわちひまがある。すなわち、瞬間的にではあるが、恋心が燃え盛っていないとき、すなわち冷静な状態になっているのである。

何かに夢中になっているときは、写真を撮るなどといった、人生にとって周辺的なことをするひまもないし、しようとも思わないはずだ。老人としては、平均寿命が延びたといっていても、これからの人生はこれまでのより短いことには疑いない。となれば、人生をもっと貪欲に「直接体験」することに専念すべきであろう。そのような体験をしようとする真剣さを見たとき、家族を始めとする周囲の人々は感動し自分たちも見習おうとするに違いない。

「虎は死して皮を留める」といわれているが、「老人は死して写真を残す」といわれたら、内心忸怩《じくじ》たるものがあるのではないか。「老人は死して写真を残さず」となり、人生と直接に向き合う真摯さを人々に覚えてもらったほうがいいだろう。

人生への執着はほどほどに

年を取るに従って死が近づいてくるので、当然のことながら、自分自身の死についても考えるようになる。死は「無くなる」ことであるからゼロの状態だ。

したがって、考えの及ばない世界であるから考えるのは無駄な努力であると、明快に結論づける人もいる。一方で、生に対して死が「ある」のだから、そこにも何かあるに違いないと考える人もいる。

いずれにしても、何かあるにしても「未知」の世界である。誰一人として行って帰ってきた人がいないので、現在はかなりの程度に発達した科学でも実証はおろか、推論もできない領域になっている。

勇敢にも、というよりも無謀にもだが、身を以て死後の世界を探索しようとしても、文字どおり「ミイラ取りがミイラになる」だけだ。

ただ、古来から宗教ないしはそれに類する分野が、死後についての想像図をつくり上げている。それに頼っている人も少なくない。世の常識からの観点に立てば論旨明快ではないが、ほかの人たちも何となくではあれ認めている部分があるので、まったく無視はしないという人もいる。そのほうが楽だからである。信じる者は救われる、という結果に、多少ではあれなっているのだ。

生まれてきたときは、まさに裸一貫であった。死ぬときは、その一貫も機能しなくなり、多くの場合には一山の灰と化してしまう。それで自分の人生は終わる。それを「はかない」といえば悲しくもあるが、「やれやれ」とほっとした思いになるだろうと想像する人もいるだろう。

死に際には多分、この世に対する未練はなくなるはずだ。自分の死を悟っているので、悪あがきはしないであろうし、そうするひまもないと推測されるからである。

死後は無であるから喜怒哀楽の感情もないので、このうえなく安らかな世界になっている。もちろん、それはこの世に残された人々が想像して自分たちの心を慰めるための口実にすぎないが。

葬儀のときの弔辞によく使われる文句に、「どうぞ安らかにお眠りください」というのがある。それに対しては「もう眠っているので何かいって起こすのはやめてください」と思う死者もいるはずだ。もちろん、「死人に口なし」ではあるが。

老年期が進行するに従って、落ち着きを増大させていく人は、きれいな生き方をしてきた人だ。子供、少年少女、青年、壮年、老年と、さまざまな環境の中でさまざまな経験をしてきた。振り返ってみると悲喜こもごもであったが、すべていとしい人生の流れの中にあった。自分特有の軌跡であったので、必ずしも人に誇ることはできないが、自分自身に対しては誇ることができる。

一方で、まだ何か成し遂げたいと強く願う人もいる。これまでの人生に不満が累積するばかりで、あまり達成感がないからである。だが、そこで慌ててはいけない。特に年を取ってからは行動力が鈍っているので、若いときのように機敏な動きはできない。何をするにしても慌てず焦らずをモットーにする必要がある。「一花咲かせよう」などと大それた考えは起こさないことだ。「余生」に「余技」を身につける心構えに留めておく。

何かをするにせよ何もしないにせよ、晩節を汚すことのないようにと慎重を期する必要がある。「立つ鳥後を濁さず」を一刻も忘れないで振る舞っていれば、まずは間違いない。きれいに死んでいくのは、きれいに生きてきた証拠である。門限が迫ってくると逆にいろいろと欲が頭を持ち上げてくる「門限パニック」の状態にならないようにする。

強欲がなくなれば、生への執着自体も薄れてきたり無きに等しくなってきたりする。それだけ心も澄んだ状態になるので、日々の生活もシンプルなものになり、肩の荷になるようなものは何もなくなる。空に浮いて天に昇っていく気分になるかもしれない。「終わり良ければすべて良し」の心境になっている。

自分は宇宙の真ん真ん中にいる

地球から一億三千万光年離れたところで、二つの「中性子星」が合体したことを、重力波と光によって観測したというニュースが報じられていた。中性子星というのは中性子がぎっしりと詰まっている天体で、その質量は私たちの想像を超えるものだという。

私たちの感覚では一瞬以下でも捉えることのできない光のスピードで計って、一億三千万年もかかって地球に到達したデータである。となると、そのデータは一億三千万年も昔のものであるから、その「現場」における「現在」の状態はどうなっているのかわからない。どうしても知りたかったら、これから一億三千万年間も待っているほかない。私たちとしては諦めざるをえない。

ただ、このようなニュースに接するとき、考えを宇宙の隅々にまで及ぼしていくと、自分という存在のサイズや力について考えてみる、このうえなくいい機会になる。

サイズについては、星空を見上げて無数の星があることを知れば、自分などは限りなくゼロに近い数字でしかないことを知る。もちろん、力についても物理的に見れば、これも限りなくゼロに近いものとしかいえない。

しかしながら、「知力」という力について考えればどうだろうか。何かについて考えが足りないとか及ばないとかいっても、少なくともある程度は必ず考えることができる。

現在私たちが知っている限りでは、私たちが考えるほどの知力を持った存在はないようだ。その点に関しては、私たちは特異な存在であるといっていい。

宇宙に存在する「森羅万象」のどれ一つとして持っていない「超能力」を有しているのである。自分は人類に属する優秀な存在であるといって自信を持ち、誰にもはばかることなく誇りに思っていいし、というよりもそうするべきである。

それと同時に、感情的に行き詰まったり悩みが手に負えなくなったりしたときは、宇宙に比べて自分がいかに微々たる存在であるかについて考える。そのように小さな自分が心配したり嫌だと思ったりしていることが、さらに微々たるものであることに思い至るはずだ。それを針小棒大にしてくよくよするのがいかにつまらないことかを悟る。

心に引っ掛かっていることを、自分自身の長い人生で経験した紆余曲折の数々に比べてみれば、その中のたった一つの「事件」でしかない。自分史を書くとしても、その題材の一つにもならないものばかりであるはずだ。

特に、今や「余生」という貴重な時間を過ごすに当たっては、時間の「有効利用」を心掛けなくてはならない。

自分自身が解決したり手を加えたりできることであれば、即断決行する。自分が積み重ねてきた知識や経験に従っても、うまく行かなかったり間違った結果になったりすることはある。そのときは潔く謝ったうえに、償うべきことがあったら償う。「すみません、先を急いでいますので」といって、そのような場からできるだけ早く脱出する。

余生にあっては、これまで以上に自分自身を大切にする。多少は利己的になっても仕方がない。「ずるく」立ち回るのである。社会に対しても十分に奉公を尽くしているはずだから、「ごめんなさいね。年寄りですから」といって、多少の我がままを通させてもらう。

もちろん、そのときは礼儀正しく丁重にして下手に出る必要がある。さもないと、反感を買って自分の言い分は通じなくなるからだ。

時には、「往年の力がなくなった、かわいそうな年寄りです」といわんばかりの風情を醸し出してみる。かなり傲慢で無礼な人でも、相手をかわいそうだと思ったら親切にしてくれるものだ。

自分の周りに人々がいて、世間のみならず地球や宇宙の動きまでもが自分を中心にして動いている、と自己中心的に考えてみる。

自分が宇宙の真ん中にいるという意識を持ち続ければ、自分の立ち場を見失うことはない。

6章

一流は老いるほどに尊敬される

意見の対立を楽しみ、「老害」を「老益」に

老人はちょっとしたことでも気に入らないと、すぐに激高して場所柄もわきまえず怒鳴り散らす、という非難の声をよく聞く。実際にそのような場面を大病院の待合室などで見掛けたことも何回かある。

さらには、正直なところ私自身も、あまりにも理不尽なことを目の当たりにすると、大声で罵声を浴びせたりもする。政治の場にいる人たちが、訳のわからないことをいって平気な顔をしていたり道理に反した行動をしたりするときだ。だがこのような場合は、幸いなことにテレビの上で見聞きしているときなので、家庭内の平和を瞬間的にちょっと乱す結果になっているだけであるが。

いずれの場合でも、老人としてはこれまで自分が一所懸命に力を尽くして築き上

げてきた世の中の仕組みが崩れてきていると感じるからである。その基礎には一種の自負心があり、それを無視されていることに対する憤りだ。特に相手が若者のときは、どうしても自分より未熟であるから、考え方が異なっているときは自分のほうが正しいと考える。

老人が若者を批判するときは、まずは「最近の若い人たちは」という言葉が出てくる。その根底には「自分たち人生の経験が長い者たちのいうことを聞け」という姿勢がある。すなわち、長年にわたる経験に対して敬意を表すことを求めているのだ。いわば「敬老」を押しつけようとしている。老人本人が「老を敬え」というのは強制であり、軍国主義的な階層制の発想である。

「敬う」というのはその行為をする人が自発的にする行為であって、それを無理やりにさせてもかたちだけに終わり、逆に反発を招く結果にしかならない。自分の考え方や行動をきちんと律したうえで礼儀正しく振る舞うのを心掛けるのが先であって、そのうえで相手の反応や「判決」を待つ以外に方法はないのだ。

老人としては、まず自分が若者よりも目上であるという考え方を捨てる。そのうえで、自分も若かったときは、先輩や先達に反発することが多かったことを思い起こす。「そのころの若者」であった点においては、「最近の若い人たち」とまったく同じだったと考え、人間としての原点に返ってから口を開いていけばいい。

若者と相対するときは、人生の経験者としての矜持を維持しつつも、虚心坦懐を旨として、まず相手の言い分に耳を傾ける。

どんな異論や暴論であっても、その中のどこかに「理」の一つや二つはある。まずはそこに焦点を当てて、それをお互いの接点として共通の基盤とする。そこから徐々に話し合いを発展させていくのだ。

若者とは交流を図るという姿勢を忘れてはならない。意見交換をするのはいいが、自分の考え方は自分の考え方であり、相手の考え方は相手の考え方であると割り切る。せっかちに相手を説得しようとか、何らかの結論を出そうとかするのでは、そこで交流が途絶えてしまう。問題であるからといっても、この広く拡がり長く続いていく人生の中にあっては、答えが出なかったり出さないほうがよかったりするものも少なくない。

問題や解決が「未決」のままで残っているからこそ、その善し悪しは別にしても、長く続いている「縁」もある。相手に対する興味や関心がずっと続いているからである。まさに「縁は異なもの味なもの」であり、そこに人生の面白さもある。

老人としては「新陳代謝」というこの世の大きな流れの中において代謝される者の側に位置している、という謙虚な気持ちでいる必要がある。すなわち、若者に入れ替わってもらうという考え方である。

まだ自分にできることを控え目に続けながらも、この世を次の世代に引き渡していくという意識を失わないで言動を律していけば、「老害」などと悪口をいわれることはない。逆に「老益」として有り難がられるはずだ。

タメ口は禁句にする

テレビの番組を見ていると、リポーターやタレントが現場に行って取材したりインタビューしたりする場面にでくわす。特に地方における活動の場合で現地の人々がかかわり合っているときは、その人たちに対する話し掛け方や対応の仕方に違和感を抱く場合が少なくない。

あらかじめきちんとアポイントを取っているときは、相手の名前もいって紹介している。その人に呼び掛けるときもさん付けである。だが、たまたま町中や道端で会った人に対しては、「オトウサン」「オカアサン」とか「オジイチャン」「オバアチャン」とかいった呼び掛けをしている。

本人は親愛の気持ちを表しているつもりかも知れないが、急に馴れ馴れしくされても相手は途惑うのではないか。また、そのような場合は大概タメ口をきいている。タメ口は対等な立場で友だちのような口のきき方をすることであるが、話し掛けられた側としては対等ではなく自分が下に見られた扱いをされていると感じる。

したがって、知らない人に話し掛けるときにタメ口をきくのは重大なマナー違反であると心得ておかなくてはならない。相手が子供であっても、きちんとした言葉遣いをする。「大丈夫かな」などといわないで、「大丈夫ですか」と丁寧な言い方をするのだ。そうすれば相手の子供も「あのオジイチャンが」などとはいわないで、「あのオジサマが」などと敬意を込めた言い方をするはずである。

とにかく、マナーの観点からすれば、知らない人に対しては敬語を使って丁重に接していくのが正しい振る舞い方であるし、無難でもある。知らない人はたとえ目下であると思っても、どんな身分や地位にあるか、またどんな権威や権力を持っているかもわからない。敬った相対し方をしておくのが礼に適っているし、後から悔やむことにもならない。

老年期に入っても自分が老人であると認めたくないのが人情である。いつまでも若いままでありたいと思っている。ところが、人と接する場面においては、自分は経験も豊かである程度の「功成り名遂げて」いるという自負があるので、つい上からの目線に立つようになる。そこで、相手を見下した姿勢を取る人が多い。

よく知らない人に対してタメ口をきくのも平気になっている。人は自分が上だとかエライとか自分で思った途端に「堕落」している。すなわち、人間としての健全さを追求する心が失われ、低俗な階層に属することになったと悟らなくてはならない。

年を取るに従って身体や精神力も弱ってくるのであるから、それだけ「下」になってきている。常にへりくだった姿勢に徹する必要がある所以だ。

特に昔自分が属していた組織の人たちと接するときには、いわば心を引き締めて初めて会う人に接するように礼儀正しくする必要がある。自分の部下であったからといって、君づけで呼んでタメ口をきくのは失礼になる。特に相手が高い地位の現職についているときは、丁重な言葉遣いをしなくてはならない。

もちろん、同じ職場にいたとしても、そこから仕事の関係だけではなく「友人」としてのつきあいを深めていったときは別だ。密接な人間関係を有する仲間になっているのであるから、ざっくばらんなつきあい方をするのも自然であろう。

とにかく、昔の一時期において先輩であったからという理由だけに従って、ずっと「先輩風」を吹かすのはよくない。人間関係の内容が変化するに従って、ある程度は新しい関係にふさわしいつきあい方に変えていく。昔は昔、今は今というけじめをつける心掛けを忘れてはならない。

相手に敬語を使ったら自分の格が下がると誤解している人が少なくないようだ。それはまったく逆であって、親愛の情を込めている限りは、相手を敬い礼儀正しい言葉遣いをして丁重な接し方をするほうが、本人の格も上がるというものだ。

新しい体験を自分に課す

現在はテレビ、新聞、雑誌、ラジオなどの伝統的なマスメディアだけではなくインターネットの世界からも、ありとあらゆる情報が絶え間なく雑多に入ってくる。したがって、家の中に籠もっていても、世の中の動きを知るのは簡単だ。大きな事件や動きの変化については、繰り返してニュースが流されるので遅れを取ることはない。

だが、世の動きの真相を知るには、やはり「百聞は一見に如かず」である。

もちろん、テレビで放映されたり人が撮ったりした映像で見るのは、ここにいう「一見」には当たらない。現場に行って自分自身の目で見ることである。それも単に「視」の機能だけではなく、「聴、嗅、味、触」などすべての五感を駆使して対象となるモノであれヒトであれ、直接に接していくことだ。さらには、自分の経験や知識と知恵の積み重ねのうえに身につけた「第六感」までも働かせるのである。

そのようにしないで、間接的な見聞きをすることによって、世間の「実相」を知っていると思ったら、浅慮の極みといわざるをえない。どうしても、ファーストハンド、すなわち直接の「体験」という作業が必要となってくるのだ。

特に老人というカテゴリーに入れられるようになったら、人が積極的に働き掛けてくれる機会は少なくなる。

その根底には、本人としては認めたくはないであろうが、相手から見れば利用価値が少なくなってきているからである。もっとも商魂たくましい商人たちは、老人の金を狙っていろいろな活動に誘い掛けをしてくるが。

したがって、自分の予算的な観点からリーズナブルの範囲内であったら、たまにはその誘いに乗ってみる。家の中に閉じ籠もってとやかく批判的なことばかりいっていたのでは、そのうちに誰も相手にしてくれなくなる。思い切って活動に参加してみれば、心から楽しむことはできなかったまでも、「へえ、こんな世界もあるんだ」という感慨を抱くかもしれない。それだけ世間が広くなったのであるから、それに従って心の余裕も広がってきているはずだ。

若いころに、仕事上の出張や、家族と一緒に国内や海外に行った経験は多いかもしれない。だが、何もすることがないような環境の中に置かれてからの旅には、まったく異なった趣がある。

同じ地に行っても、自分の観点自体が異なっているので、新しい発見も少なくない。自分自身が変わっただけでなく、訪れた地にも変化が生じている。もちろん、その地に住む人やそこを訪れる人たちも昔と同じ風情ではない。

昔の知識や経験だけに基づいて知っていると考えるのは、密かに慢心に陥っているにも等しい。したがって、それ以上の進歩が期待できなくなっている。すなわち、知識の中身にも「老化」が静かに深く忍び寄ってきているのである。常に「リニューアル」を心掛けておかないといけない所以である。

知識についても古い家と同じように知らず知らずのうちに機能しなくなっているところがあるので、常にアップツーデートにしておく。

さらに、これまで未経験であった分野についても見聞してみると、新たな刺激になることもある。たとえば、ミーハー的だと思っていて半ば馬鹿にしていた世界についてだ。歌手や俳優を始めとする芸能人を売り物にしたディナーパーティーの類いである。友人から聞いた話だが、参加してみると、食事の内容にしては料金が高価すぎると思っても、大勢のファンが目を輝かせて楽しんでいる。芸能人側も客席を回って個人的に挨拶をしながら、まさに涙ぐましいばかりの努力をしている。

そこに、一所懸命に生きて行こうとする真摯な努力を見れば、そのどこかに自分が学ぶべき点があることにも気がつく。直接にその場に行って経験しないで、とやかく批判するのは狭量に過ぎると反省する機会にもなるはずである。

社会の中における自分の位置を知る

若いときは努力に努力を重ねて前進することのみ考えていた。その中でも学業の世界では、自分がどのくらいのところまで行けるかの見当も、徐々につくようになっていた。次に仕事の社会に入って行ったとき、これも定年の時期が見えたり近づいたりするようになると、どの程度のところまで行けるかについて予測ができた。

それらの予測の基礎には、学業の世界では成績が、また仕事の世界では業績が大きな役割を果たしていた。ところが、仕事を離れて老年期に入ってくると、このような客観的な基準がなくなってくるので、方向性を見失ってくる。特に生真面目な人の場合は、明確な目的がないと毎日を途惑いの中で暮らすようになるかもしれない。

社会の中における自分の位置を見失ってしまったかの感がある。そうなると、人生の意義とかについても疑問が生じてくるので、悩みが増大してくる。

ちょうど世の中が多少でもわかりかけた青少年期に、「人生とは何か」について考えたのと同じだ。人生は何回も同じことを繰り返すのだ。よくよく考えてみれば、日々の生活も繰り返しの連続である。

「人生とは繰り返しである」ことを繰り返し悟りながら生きていくのが、大人の生き方であろう。繰り返しているということは、たとえ苦労をしながらにしても、これまでと同じように生きていることにほかならない。それだけ「無事」が続いていることであるから、大いに歓迎すべきである。

だが、仕事の世界でワーカホリック的な習慣を身につけた人は、のんべんだらりと暮らしていくことに抵抗を感じるのも当たり前だ。その感覚が強くなってきたら、何でもいいから「勉強」をすればいいではないか。もちろん、学校に行って学生時代と同じような学問の仕方をするのもいい。

しかしながら、あまり「実学」的な要素の多い勉強をしたのでは元の木阿弥だ。せっかく老年期という新たな時代を迎えたのであるから、それにふさわしいことをしたほうがいい。すぐ生活に役立つような要素の多い勉強をしたのでは、学生や社会人のときの勉強をするのと同じになる。いくら人生は繰り返しだとはいっても、勉強の内容についてはまったく新しいことに頭を突っ込んでみるべきではないか。

となると、まったく新しい学問の分野がいいかもしれない。宇宙のゴミ処理とか地核の熱の状態とか、自分としては突飛な発想をしたうえで調べていってみる。また、東西の古典哲学者の中であまり有名でない人に的を絞って研究をするのも面白い。そのような人を探し当てる努力をするだけで、自分の心に新たな刺激が加わってくる。

また、都会に住んでいる人であったら、さまざまなところで、いろいろな人が講演をしたり研究会を開いたりしている。それらの中で自分にまったく関係がないことや興味のキョの字もないことがあったら、そこに参加してみる。自分のこれまでの人生と関係がなかった分野を垣間見るというのが狙いである。これまで自分が慣れてきた世界とのアンバランスを体験することによって、自分のこれまでの人生を振り返ってみる端緒にもなるからだ。

これまでの自分にとっては「異次元」の世界に触れれば触れるほど、自分自身を客観的に見る結果となる。そうなると、この世界の中で自分が現在立っている「位置」が、おぼろげながらでもわかってくる。

その位置は今となっては動かしようがない。となれば、現在の自分についても、高度の諦めがつくはずだ。自分の本質を見定めたという「諦観」である。

社会の中における現在の自分の位置の見極めがついたら、これから先の人生について慌てる必要もないし、くよくよと考え悩むこともない。日々を淡々と生き、それが充実した一日であることに満足するようになる。

老年期は人に尽くして心に満足を

特に私たち終戦後の食糧難を経験している年代の者は、今は苦しいが将来は楽になるという思いの下に一所懸命に働いたものだ。

自分の属する組織のために粉骨砕心の努力を重ね、それが国の復興につながっていくと信じていた。

まだ衣食住も足りていない時期であったので、いわば皆「貧乏」の最中にあった。そこで生活が少しでも向上すると、皆で揃って「中流」になったという連帯感があった。

まだ経済的にも大きな格差がなかったので、ある程度ではあれ国民が一丸となって協力し向上を目指した。そのうちに国が隆盛となった暁には、定年後も悠々自適の生活を送ることができるだろうと考えていた。その点については国が約束したわけではないが、なんとなく暗黙のコンセンサスがあった。

ところが、今やそのような夢は無残にも、というほど深刻ではないにしても、かなりの程度に難しくなりつつある。

せっかくの年金も実質的に減らされる傾向にあって、「滅私奉公」的に働いたことに対してフェアな報いにはなっていない。

贅沢はしないようにして貯めた預貯金に対して、期待していた利息はなくなりマイナス金利まで課せられそうな雲行きもある。

政治や経済の動きは、その中にあって力のある人や組織が自己の利益を優先的に得ようとする流れが奔流の勢いになっていて、道理や正義などの要素が入り込む隙間はまったくない。

だが、力のない老人には、そのような流れを止めたり変えさせたりする力は残っていない。

物事を変えるのが不可能であることが明確になったら、そこで愚痴をこぼしても意味はない。「自分の考え方を変える」ことによって、現状を打開する以外に道はない。

考え方を変えてみれば、物が欠乏していたからこそ物に惑わされたり左右されたりしないで、精神面の充実を目指して頑張ったといえなくもない。また、ちょっとしたプラスについても大喜びすることができたし、小さな幸せの瞬間にも欣喜雀躍《きんきじゃくやく》せんばかりの幸せな感慨に酔うこともできた。

そのように考えていくと、衣食住を始めとして足りないことが多かったからこそ、「向上」を目指して皆で仲よく前進する意欲を持ち続けることができた。物資欠乏の時代だからこそ「精神充実」を目指して努力することができた。

したがって、現在よりも「心の豊かさ」については優っていた時代に生きたことになる。不満をいう筋合いはないという考え方になるはずだ。

自分たちの時代が「古き良き時代」であったという認識に立てば、何かの拍子にも若い人たちに譲ろうとする気持ちになるだろう。

「もう私たちは十分に楽しんだのだから、こんどはあなたたちの番だ」という心構えで接していく。その心の広さと鷹揚さは、若い人たちの心をも開かせる結果になるだろう。

ただ何かをするときは、決して「恩着せがましい」言動になってはいけない。後からでも「あんなにしてやったのに」とか「きちんと教えてやったのに」とかいったのでは、せっかくの厚意も押しつけたことになり、逆効果にしかならない。親切はその都度振り撒くもので、それに対する反対給付を考えた途端に、ただのお節介という結果になってしまう。

人に尽くすときは、相手が喜ぶであろうと思う自分の「利己的」な願いに従って動いている。

したがって、一方通行の感情の流れが相手に届いただけで十分であるし、たとえ届かなくても自分の気は済んでいるので満足しているはずだ。

もっとも、そのときにちょっとでもプラスになるフィードバックがあると嬉しくなるのも当たり前であるが。

老いの度合いにもよるが、老い先というときは短いに決まっている。有終の美を飾るためにも、自分の近くの人から始めて皆に尽くすようにしてみる。

そうすれば胸を張って人前に出ることもできるし、不平を鳴らしたり恨み言をいったりするひまもなくなる。心が穏やかな日々になってくる。

誰もが悪いオジイサンになりうる

年を取るに従って通夜や葬儀に参列する機会が多くなる。友人や知人が多くなったことと、その中で亡くなる人たちも多くなってくるからだ。一緒に勉強したり働いたりした仲間の死に直面すると、昔を思い出しての懐かしさと、もう会って話すことができなくなったという寂しさが同時に押し寄せてくるかの感がある。深く考えていくと万感胸に迫ってくる気持ちを抑えることができない。

そのように悲しい場であるが、列席者の中に旧友や元同僚たちを見つけると、不謹慎なことであるがちょっと気が紛れる思いもする。生き残った者同士で軽く旧交を温めたりするが、故人についての話に花が咲くときは救われた思いをする瞬間だ。

だが、通夜振る舞いの席に参加するのはいいのだが、そこで友人たちとの話が弾んで大声になったり談笑したりする人たちを見掛ける。いわば同窓会やオービー会の様相を呈してくるのだ。あくまでも故人を偲ぶ場であるから、話題は故人に関するものに限り、「しめやかな」雰囲気を失わないようにする。遺族の人たちが「故人は賑やかなことの好きな人でしたから」などといって陽気にするようにすすめても、そのとおりにしてはいけない。あくまでも人の死に関連した儀式であることを忘れるべきではない。

また、自分の年齢によって考え方も異なってくるが、比較的若くて特別にいい人だと思っていた人が亡くなると、その死を嘆き悲しむ気持ちもふくらんでくる。そこで、「惜しい人から亡くなっていく」とか、「いい人から先に死んでいくようだ」とかいった感慨を抱く。

皮肉な考え方をすると、生き残っている人たちは「惜しい人」や「いい人」ではないといっているにも等しい。故人の有能さや人格の円満さが印象的であったことは間違いない。そのような能力や性格がずっと続いていくだろうと考えている願望ないしは仮定に従っているからこそ、惜しいとか早死にとかいっているのだ。

純論理的に考えてみると、立派な人も長生きをすれば、思い掛けない失敗をしたり人に迷惑を掛けたりする結果を招来していたかもしれない。もちろん仕事における能力や生活の中における振る舞いが急に大きく変わることはない。しかしながら、年を取ってくるに従って心身の能力が衰えるという事実は否定できない。そのうえに老いが急激に進行したり深刻な病気に罹ったりすると、それまでのように能力を発揮するとか立派な振る舞いをするとかも不可能になる。

自分のことは自分でするという基本的な能力にも欠落が生じてくる。歩けなくなったりと身体的に不自由な身になると、人に手伝ってもらわなくてはならない。人に面倒を掛けることになるのだ。介護を要する身になれば、家族だけではなく専門家の世話にもなる。もちろんのこと自分の「悪意」によってなった状態ではないが、人の迷惑になる点においては同じだ。

最近特にメディアなどでも話題になっているのは、認知症が極度に進行したときの、その周囲にいる人たちの惨状である。それまで健康であったときは良いオジイサンや良いオバアサンが、完全に変身して、表現方法には大いに問題があって適切ではないかもしれないが敢《あ》えてわかりやすくいえば、悪いオジイサンや悪いオバアサンになったのである。

老人になれば自分自身もいつなんどきそのような身になるかもしれない、と覚悟を決めておいたほうがいい。せめて心身が一応は不自由なく機能しているうちは、できるだけ良いオジイサンや良いオバアサンになることを心掛け、人に迷惑を掛けないように努める。

さらには身勝手なことをすることなく、常に低姿勢に徹する。たとえ悪いことが起こっても、それ以上の悪いことではなかった点に対して感謝する。謙虚と感謝の心得を忘れなかったら「良い老人」になっているはずだ。

勧善懲悪の必要性を訴える

昨今は「勧善懲悪」という言葉が廃れたかの感がある。善いことをすすめるのは何となくしているようだが、懲悪については、かなりの重大な悪に対しても行われていない傾向がある。「懲」とは、悪いことを二度としないようにと制裁を加えることだ。

もちろん、殺人や強盗のように誰の目にも明らかな犯罪については、刑事事件として取り上げ明確な刑罰を科している。

だが、同じ犯罪でも政治犯や経済犯になると、確固たる証拠がないとか、たとえ証拠があっても不十分だとかいった理由などで、法の枠から取り逃しているとしか思えないケースが少なくない。

もっとも、昨今のように複雑になった社会環境の中にあっては、法律はすべての局面を網羅することはできない。

したがって、ずる賢い者は法律の不備という網目を狙って自己の利益を図ろうとする。その人たちは、世の中を律するのは文字で書かれた法律だけだと考えている。

本来は、たとえ書かれていなくても「法の精神」に従って判断して自分の言動を戒めていく必要がある。さらには、立派な行動基準という習慣や不文律もあるし、社会の中における暗黙の約束事もある。いわゆる「常識」のカテゴリーに入るものだ。

だが、最近はそのような常識は通用しなくなった。悪への重要な歯止めになる懲悪は行われていない。

政治や経済の社会を見れば、その点は明らかである。悪いことをしても法の網を上手にくぐり抜けて、自分勝手に「みそぎ」が済んだといって元の世界に帰ってくる。「人の噂も七十五日」を上手に利用した「敗者復活劇」である。

昔は政界や経済界にも、引退をした老人で歯に衣着せぬ正論を述べる「ご意見番」のような人がいたが、今は見当たらない。

もちろん、その人たちを持ち上げようとするメディアもいないからかもしれない。メディアもメディア業界の利益を思えば、体制側に対して徹底的抗戦を続けることもない。

また、そのご意見番の役を期待されている「ご老人」も昔の権益を自分の子や孫たちに「世襲」させているので、当然のことながら舌鋒も鈍ってくる。

そのように考えていくと、「正義」が行われなくなった世界の息苦しさを強く感じる。これからの人間すなわち子供に期待せざるをえないのだが、現在の教育の方針や現場を見聞きした限りでは、悲観的にならざるをえない。

子供の能力を伸ばすという考え方はいいのだが、そうする中でよくない能力まで野放しにしている。悪い芽はできるだけ早く摘み取るのは、よりよき将来のためには必須の課題ではないか。

また、褒めて能力を発揮させるという考え方もポジティブな点はいいのだが、その陰で叱ることを排する傾向が見られる。

悪いことをしない子供はいない。悪に対しては、それを善に転換させる指導をするのであればいい。そうでなかったら、叱ったり罰を与えたりすることが必要だ。教育にはある程度の押しつけは必要不可欠である。アメとムチの教育は善を信奉する社会にとっては極めて効果的であることを忘れてはいけない。

政治やビジネスの世界ですでに悪者になってしまった大人を、これから改心させてまともな人間にするのは、市井の老人にとっては難しい。せめて近くにいる子供たちに対して、勧善懲悪の重要性を教えるのだ。

そのためには、悪に対する罰の場面が必ず入っているお伽噺《とぎばなし》を教材に使うのが効果的である。工夫して紙芝居的に面白おかしく話して聞かせる工夫をすれば、幼児であれば多少は観客になってくれるのではないだろうか。

そのような努力に応じてくれる孫に対しては、遊ぶ相手になったり旅行に連れて行ったりと、アメの部分も与えてみる。勧善懲悪がテーマの話をするのは、子供としても必ずしもムチとは思わないはずだ。

これまでのお伽噺では興味を引かないと考えたら、その子たちの興味に焦点を合わせて脚色をしてみる。

老人の自慢は聞くに耐えない

私が担当している仕事の一つに、日本にいる外国の人たちとの親善の輪を広げることを目的としている集いがある。

日本の文化の紹介をして日本に対する理解を深めてもらおうとするもので、年に二回開催することになっている。そこで私たちとは異なったルートからの外国人を集めるために、ある団体の人たちに協力してもらっている。

恒例の年末例会には寄付金を募って、それをある新聞社に寄付している。贈呈の際に、その協力団体の代表者にも同席をしてもらうことにしていた。余分の面倒を掛けることにはなるが、協力に対する謝意を表するためだ。もちろん、その依頼に対しては進んで協力してもらっているのが明らかであったので、その習慣が長く続いていた。

ところが、ある程度経過した時点から、その贈呈の席で代表者が出しゃばる場面が多くなった。

主催は私たちの組織で経費もすべて負担している。その団体は集いのほんの一部の作業を担っているだけだ。にもかかわらず、新聞社との会合の席で、機会があれば、というよりもちょっとした隙を狙って、自分が話のイニシアティブを取り始めた。

もちろん、私もそうさせないようにとするのであるが、私の話が終わらないうちに自分の話をし始める。その話も今の自分が属する団体に関することではない。まったく異なった自分自身、というよりも正確には自分の夫の海外における若いときの自慢話なのである。その傾向がエスカレートしてきたので、その次から一緒に行くことを遠慮してもらうようにせざるをえなかった。

とにかく、それまでの話の流れとはまったく関係のない話をするのだが、それも話というよりは「リポート」をするがごとくに自慢の羅列をする結果になっていた。

立派な身なりをした老婦人が口角泡を飛ばさんばかりに自慢話をしまくる見幕には、ただ恐れ入るばかりであった。

一般的に、老人は問わず語りに若いころの「武勇伝」などを話したがる傾向がある。だが、それも親しい友人や昔からの仲間同士が集まっている場であれば、「こぼれ話」の一部としては面白い。それに、後輩などがいる場であったら、参考になる話になる場合もある。

もっともそのような場では、同じ話を何回も繰り返す可能性があるので注意する。せめて「前にも話したかもしれないが」といったり、「この話、したことがあったっけ」と聞いたりして、多少は遠慮している姿勢を見せれば、「罪一等を減じられる」くらいの効果はあるかもしれない。

「自慢は知恵の行き止まり」という諺がある。自慢をするようになったら、もう進歩は望めない、という意味だ。年を取ったら、それでなくてももう頭の回転も悪くなって、あまり世のためにはならないだろう、と考えられている。そこで自慢するのだから、もう自分には進歩がないと天下に向かって白状するのと同じだ。

自慢は過去の栄光について誇ることだから、自慢ばかりしていると、自分の未来はまさに「お先真っ暗」であるという認識の裏返しでしかない。現在の寂しさや侘《わび》しさを周囲にふつふつと沸き立たせるくらいの勢いがある。マイナスの勢いであるから「老」の要素を際立たせるだけだ。

自慢をして満足しているのは本人だけである。それを聞かされる人は相づちを打っているように見えても、心の中には「辟易」という感情が渦を巻いている。この次の機会からは、できるだけあの人の近くに行かないようにしようと思っているのだ。

老人としては特に若い人たちの前で過去について話すときは、できるだけ失敗したり苦境に立ったりしたときの経験について話すように努める。さもなければ、「未来」にのみ焦点を合わせた考えや予測について話すのだ。すると若者に囲まれる結果になっていく。

核兵器攻撃を受けた日本の歴史的事実

老人が過去のことについて何回もくどくどというのは、「老いの繰り言」として嫌がられるのが通例である。だが、このうえなく悲劇的な現場に居合わせた経験については、次の世代にきちんと語り続けていかなくてはならない。特に、その事実と経験が唯一ともいうべき稀有であるときは、老人にはその義務があると心得ておくべきだ。

そのような事実の最たるものは太平洋戦争であり、その中でも一つの焦点は広島や長崎に対する原爆の投下に当てられる。まず、「原爆の投下」という言葉自体が事実を表現するには弱すぎる。「投下」は「落とす」ことであり、それは「落ちた」にもつながる意味がある。すなわち、落とした人の意図が曖昧になっている。

敵国を破壊しようとする強い敵意を持って仕掛けた「核兵器攻撃」である。そのように事実をより正確に描写した表現にする必要がある。それに、「原爆投下」という言葉が長年にわたって使われているうちに、少しずつ形骸化してきている。その言葉に皆が慣れてきたので、そこに込められた意味が人々の心に訴える力が弱くなった。いわば「言葉疲労」のような現象が起こっているのだ。

広島の原爆死没者慰霊碑に刻まれている「過ちは繰返しませぬから」という言葉についても同じことがいえる。もちろん、それを建立したときの真剣な気持ちであるから、それはそれとして立派な心構えである。ただ、観光的な目的で訪れる人にとっては、単に信心深くない人が唱える念仏のような意味しか伝わらないかもしれない。そのような点を補完するために多くの語部《かたりべ》の人たちが努力している。

広島や長崎が核兵器攻撃によって破壊されてから七十二年も経過して、やっとの思いで「核兵器禁止条約」が出来上がった。核兵器の非合法化と廃絶を目指すものであるが、利己的な核保有国は無視している。核攻撃の唯一の犠牲国である日本も署名しないのは、どのような「現実的な」理由があるにせよ、言語道断の極みというほかない。

原爆については、私もかなりの被害を受けている。広島で生まれ育ったのだが、終戦の前年の春に伯母の家へ疎開していった。広島が核兵器攻撃をされた日は今でも覚えている。

一九四五年八月六日午前八時十五分、広島県との県境にある疎開先の島根県の山村にいた私は空を走る光を見た。雨が降る兆候もないので稲妻ではなさそうだしと考えていたら、こんどは低いがかなりの圧力を感じさせる音を聞いた。午後になると、何のかとはわからないが黒い破片のようなものが空から降ってきた。

そのうちに、広島が大爆撃に襲われたという噂が立った。広島に独りで残っていた母の安否が心配になったが、それを確かめる術などない。憂慮の何日間か過ぎた後、母が命からがら私のいる伯母のところに辿り着いた。私の家は市中にある比治《ひじ》山《やま》の陰に位置していたので重症ではなかったが、その後も原爆症のいくつかに悩まされた被爆者であった。

父はその前年の二月二十九日にマラッカ海峡のアロア島の付近で、イギリスの潜水艦の攻撃に遭って戦死していた。さらに私自身も広島で空襲警報のサイレンが鳴る度に防空壕の中に隠れたり、下校の途中で突然急降下してきたグラマン戦闘機の機銃掃射に遭ったりと、怖い体験をしている。

現在の政界のトップに位置している人たちは「国民の生命と財産を守る」などといって大見得を切っているが、実際には自己ないしは「政界」の利を求める施策を優先しているとしか見えない。私も戦争によって父の生命と家の財産を失っている。

戦争の現実を身を以て体験していない人たちは、国民を守るという名分を大義として戦争への道を徐々に歩み始めても、抵抗感がまったくないようだ。戦争で破壊される国民の人生の悲惨さを感じ取って、最も安全な道を選ぼうとする深慮を欠いている。信用をしてはいけない人であることを周知させるのも老人の役目だ。

老人の眼光は世の悪を見透かしている

政治は国民のためにするものである。政治家も口ではそのようにいっているが、実際にはそのような結果になっていることは少ない。

大多数の国民のためという目的は掲げているが、その過程において多くの業界や組織の利益を図っている気配が濃厚である。政治家は自分たちが国民の「下僕」であるという心構えを忘れて、国民の「支配者」になったごとくに振る舞っている。

政治家はメディアなどにおいても目立つ存在である。それだけに、たとえ「国民の上に立つ」という誤った考え方をしていたとしても、であればなおさらであるが、人格者でなくてはならない。国民の手本になるような言動をする必要がある。

ところが、政治本来の目的においてのみならず、自分たちがヘゲモニーを握ろうとする競争の場においても、平気でうそをついたりしている。すると、国民という皆の考え方も無意識のうちに「うそも方便」は許されるという流れに、少しずつではあるがなっていく。世の脚光を浴びる者は、もっと品格ある言動に徹するべきであろう。

また、政治資金や政務活動費などの使途や処理方法についても、お手盛りで自分たちの都合のいい規則ないしは慣例をつくって、気ままな使い方をしている。それに対して国民が非難の声を浴びせても、改善しようとする気配はまったくない。

政界の中では与党とか野党とかいって意見を戦わせたり対立姿勢を示したりしているが、政治家自身の利害が絡まってくることとなると厳しい論戦も行われない。国民に対しては皆で歩調を合わせる。すなわち、国民という「敵」に対しては、政治家は全員が「味方」同士になる。

政界という「業界」も対国民という舞台では皆でグルになる構図になっているのだ。与党と野党はお互いに戦い合っているが、自分たちの利益を確保しようとする場面では、結局は「仲間同士」である。その点を常に念頭におき、政治の動きを見極めながら騙されないようにする。

業界はすべてグルであると考えて世の流れを見ていると、さまざまな理不尽なことなども納得できる。もちろん、納得といっても理解できるというだけで、それを容認はできないし非難する気持ちが消えることもないが。

政界であれ財界であれ、さらには元々の「業界」の意味である同じ産業に属する企業群であれ、皆仲間たちで協力して自分たちの利益を図ろうとしている。自分自身の独立性を保ちながらも完全なる自由競争は避け、マーケットの独占を図る。そこで業務の内容についても似たり寄ったりのものになってくる。いうなれば、すべて無意識のうちに、ないしは以心伝心によって、カルテルに類したサークルを形成した結果になっているのだ。

相手は強い力をバックにして団体として押し寄せてくる。老人は年々増えてきて人数だけは多くなっているが、団体を結成して対抗するほどの力はない。多勢に無勢である。「泣く子と地頭には勝たれぬ」とか「長い物には巻かれろ」とかの諺を「頼り」ないしは言い訳にして、半ば諦めている。また、無理に反対して興奮したのでは、血圧が上がるなど健康上の危険性が高くなる。

いつも自分の感情を冷静に保ちながら、世の動きを客観的に観察して正確な見極め方をする。業界の中では競い合うなどといって対立構造を示そうとしているが、結局は「同じ穴のむじな」であることは見破っている、という見解を持ち続けることが重要だ。

表向きを装ったりしてオブラートに包んだ物の言い方をしてみても、老人の眼光はオブラートの中まで見透かしている。それは老人の矜持であると考える。そのようにしていると、世の喧騒も大所高所から見ることができる。それは仙人とまではいえないが、世俗を少しではあれ超越した気分になる。それは心の落ち着きへとつながっていくのではないか。

長寿「謝恩会」のすすめ

私が住んでいる東京の区が主催する「長寿を祝う集い」に参加した。七十五歳以上の後期高齢者が招かれ、その功績に感謝して長寿と健康を祝うという趣旨の会だ。ホテルの大宴会場が会場で、歌謡ショーなども催された。式典が始まる前に中央前方に一段と高く設けられた舞台の上に四十名足らずの人たちがぞろぞろと入ってきて着席した。どんな人たちなのかといぶかっていた。

主催者の挨拶、祝辞と進み、次に来賓紹介となった。壇上の人たちを一人ひとり紹介するのだが、二、三人の国会議員や都会議員を除き、後は全員区会議員であった。もちろん、主催は区であるから、区議会の人たちは招待者かもしれない。だが、一般区民の感覚としては、「客」というよりも「招待する側」であるという感覚がある。

壇上で紹介されて短いながら挨拶するのを見ていたら、あたかも選挙運動をしているかのように感じた。少なくともこの場面に関しては、文字どおり「主客転倒」があったといっていいのではないか。名目上は来賓であっても、大勢の高齢者が入ってくる会場の入口に立って挨拶をしたほうがより効果的であったはずだ。

すると、客をもてなす姿勢が明確になって、高齢者たちのほうも、心からなる「もてなし」を受けた気になったのではないか。物理的にも上からの目線で祝われて釈然とした気分になれなかったのは、単なる僻み根性の表れでしかなかったのかもしれないが。さらには、祝ってもらったのであるから、素直に感謝したらいいではないか、という考え方もある。

そうした考え方に従って、長寿の祝いのいろいろについて考えてみた。六十歳の還暦、七十歳の古稀、七十七歳の喜寿、八十歳の傘寿、八十八歳の米寿、九十歳の卒寿、九十九歳の白寿、さらにその上にもあるが、私も参加したことがあるのは白寿の祝いまでだ。いずれも、人が祝うというかたちになっているが、その催しの発想は本人であったり、少なくとも人の発案を本人が了承したりしている。

すなわち、「祝ってもらう」という積極的な意思が働いている。自分自身の長寿を祝いたいのである。

であれば、真っ正面から素直に自分を自分自身で祝う催しにしてみたらどうだろうか。その会に人々を招待するのである。すると、わざとらしく発起人を立てる必要もない。自分が長く生きていることを褒めるのであるから、自画自賛の色を貫く。だが、そのような自慢たらしいことも、年寄りの程度が進んでいることに免じて許してもらえばいい。

となると、今時は還暦、古稀、喜寿、傘寿では若すぎる。やはり米寿から上くらいでないと、招かれるほうも有り難みがない。

さらに、やはり九十歳前後の高齢者ともなれば、自画自賛もいいが、もっと謙虚に構えたほうがいいだろう。これまで自分が無事に暮らしてくることができたのは、ひとえに周囲にいる人たちのお陰である。家族、親戚、友人、知人を始めとする多くの「恩人」がいるはずだ。その人たちに感謝の意を伝える会にする。

そうなると、会費制にするなどは言語道断である。金を徴収したのでは、感謝の心が伝わらないし失礼このうえない。また、お祝いの金や品物などを持ってきてもらったのでは、感謝する気持ちが「殺《そ》がれる」。葬儀の案内状に「誠に勝手ながら香典、供花、供物の儀は固くご辞退いたします」と書いてあるのをよく見る。それと同じように案内状に「お祝いの金品やお花などは固辞する」旨を明記すればいい。

このような姿勢で「恩人たち」を招くことになれば、催しの会の名称も「祝賀会」ではそぐわない。「謝恩会」ないしはそれに類した名称になるはずだ。もちろん、自分の予算の範囲内でするので、会場を一流ホテルなどにする必要はない。だが、一世一代の恩返しの場だと思ったら、多少は張り込むことだ。

一日一善を為し一日一悪を反省す

これまでの人生においては、もちろん失敗をしたこともあり人に迷惑を掛けたこともある。逆に、人に誇るべきことも、小さなことではあれ、いくつかしている。一応は人並みには暮らしてきているのだ。平凡な日々ではあったが、皆に後ろ指を指されることはしていない。

「無事是貴人」という禅語がある。小細工をしてよくしようとかするのではなく、当たり前のことを淡々として言動に移していくことがいい、というのだ。途中のあちこちで私欲が持ち上がってきて利己的なことをしたこともある。だが、それで大きく人の権利を奪ったり多大の迷惑を掛けたりしたことも、「そんなには」ないはずだ。大局的に寛容な目で見れば、「無事」すなわち当たり前のことを当たり前にやってきているといっていい。

となれば、これまでの自分自身の振る舞いに対しても自信を持っていいだろう。論語にいう「七十にして心の欲《ほっ》する所に従えども矩《のり》を踰《こ》えず」である。老人になったら自分の思いどおりにしていても正道から外れることはない。悪いことをする習慣にはなっていないはずだ。

だからといって、調子に乗って自分のしたい放題にしていたのでは羽目を外すことにもなりかねない。一定の歯止めは必要なのだ。

そこで、子供のときの原点に返って、「善いことをして悪いことをしない」という大原則を拳々服膺する心掛けが必要になってくる。さもないと、一度しかない自分の人生に有終の美を飾る結果にはならない。

年を取ってからは足元がおぼつかなくなるから尚更であるが、一歩一歩を着実に進めていく必要がある。そこで、「一日一善を為し一日一悪を反省す」という規律の励行のすすめである。一日にいくつというのではなく一つだけの善行を心掛けてする。さらに、一日を終えるときに自分がした悪行を一つ思い出して反省する。

この場の善は「ちょっとした善」であり、悪は「ちょっとした悪」である。大きな善や大きな悪は誰の目にも明らかであるから、ここでは問題にしない。大悪の場合は、法律やルールに抵触するため言語道断のカテゴリーに入るので、反省するかどうかとかといった対象にもならない重大な罪である。

ここでは「ちょっとした」がキーワードになる。日常茶飯事の中における小さな言動で、人の心に触れる微妙なニュアンスの分野に属するものだ。したがって、礼儀とかマナーに関連してくるものが多い。ちょっとした善は、人の心に希望を抱かせたりほのぼのとした温かみをもたらす。一方で、ちょっとした悪は人を悲しい気分にさせたりこの世が嫌になるような感慨を催させたりする。

いわば人に対する親切心の有無といったほうがわかりやすいかもしれない。たとえば、人がちょっとした相談を仕掛けてきたようなときに、親身になって話に耳を傾けて、自分のありったけの知恵を絞って、少しでも手助けをしようとする姿勢である。そこで「共感」の世界を生み出すことになれば、ちょっとした善行であっても大成功だ。その一日一善だけで、世のため人のために尽くしたことになり、その日の自分の眠りも「安眠」となり、それはさらに翌日への一日一善へのエネルギー源にもなる。

ちょっとした悪は一日にいくつもしているはずだ。たとえば、人が真剣に相談してきたときに、「考えておきましょう」などと軽い返事をしたかもしれない。しかしながら、実際には相手のことを本気で考えてはいなくて、何ら積極的にしてあげようともしなかったかもしれない。これは何もしなかったという意味で、ちょっとした「消極的な悪業」なのである。

また、今日は一悪もしなかったと思うときは、間違いなく反省が足りないことの証左である。人が困っているのを見て見ぬふりをするなどの悪はしているはずだ。そのような一つを見つけ出して反省するのは、老人が避けてはならない義務である。

装丁　多田和博
カバー写真　Getty Images
本文デザイン・DTP　美創

〈著者プロフィール〉
山﨑武也（やまさき・たけや）
1935年、広島県生まれ。1959年、東京大学法学部卒業。ビジネスコンサルタントとして国際関連業務に幅広く携わるかたわら、茶道裏千家などの文化面でも活動を続けている。『人生は負けたほうが勝っている』『一流のマナー 二流のルール 三流の無作法』『一流の条件』『上品な人、下品な人』『「気の使い方」がうまい人』『弁護士に依頼する前に読む本』など著書多数。

一流の老人

2018年1月10日　第1刷発行

著　者　山﨑武也
発行人　見城 徹
編集人　福島広司

GENTOSHA

発行所　株式会社 幻冬舎
〒151-0051　東京都渋谷区千駄ヶ谷4-9-7
電話　03(5411)6211(編集)
03(5411)6222(営業)
振替　00120-8-767643
印刷・製本所　中央精版印刷株式会社

検印廃止

ISBN978-4-344-03239-2　C0095
幻冬舎ホームページアドレス　http://www.gentosha.co.jp/

この本に関するご意見・ご感想をメールでお寄せいただく場合は、
comment@gentosha.co.jpまで。